바깔로레아

논술혁명

초등 | 초급 〈4·5학년〉

머리말

눈감고 간다

― 윤동주

태양을 사모하는 아이들아

별을 사랑하는 아이들아

밤이 어두웠는데

눈감고 가거라.

가진 바 씨앗을

뿌리면서 가거라.

발부리에 돌이 채이거든

감았던 눈을 와짝 떠라

밤이 어두웠는데 눈감고 가라고 하는 까닭은 무엇일까요?

어두운 밤 두 눈 동그랗게 뜨고 걸어도 넘어질까 조심스러운데 말이에요.

여러분!

봄날의 따뜻한 오후 햇살, 한낮의 뜨거운 여름 햇살, 시원한 가을 하늘 사이로 곡식을 익게 하는 햇살,

추운 겨울 손 호호 불어가며 걸어가는 발걸음 사이의 얼음을 녹여 주는 햇살을 느껴본 적이 있나요?

우리는 간혹 내가 가진 것이 부족하다고 느끼고 더 많은 것을 가지고 싶은 마음이 생길 때가 있습니다.

지금 여러분이 서 있는 그 자리에서 고개를 들어 하늘을 보세요. 무엇이 보이나요?

앞만 보고 달려가는 것이 아니라 가끔 하늘을 바라보며 마음의 여유를 가져 보세요.

마음의 여유를 가지는 것이 곧 논술의 시작입니다.

논술혁명 순서 보기

이 책을 공부하기 전에

1. 이 책은 최초로 읽기와 논술 교육을 영역별로 나누어 접근한 교재입니다. 여덟 가지 영역을 순차적으로 공부하여 실질적이고 효율적인 논술 학습이 가능하도록 하였습니다.
2. 주어진 글을 무조건 읽고, 내용 확인만 하고 끝내는 것이 아니라 여덟 가지 영역으로 나누어 단계별 심층적 사고를 할 수 있도록 하였습니다.

첫째 마디 - 인간	이웃이 좋다	09
둘째 마디 - 윤리	우리는 모두 같아요!	23
논술 테스트 01	모두 똑같은 어린이에요	37
셋째 마디 - 정치	내 손으로 뽑아요	43
넷째 마디 - 경제	돈을 가져래!	57
논술 테스트 02	신용 사회를 만들어요	71

다섯째 마디 - 과학	편하니까 좋아?	**77**
여섯째 마디 - 환경	우린 모두 소중해요	**91**
논술 테스트 03	자연의 법칙을 따르자!	**105**

일곱째 마디 - 문화	내 것으로 만들기	**111**
여덟째 마디 - 역사	저 강물은 말도 없이 오천 년을 흘렀네	**125**
논술 테스트 04	나라마다 달라요!	**139**

책 속의 책 GUIDE & 가능한 답변들

논술혁명 학습 시스템

첫째 마디 - 인간

- 자기의 이익만을 꾀하는 인간의 이기심과 이타심, 협동심 등의 문제를 폭넓게 다룸으로써 인간의 속성에 대해 살펴보고, 사람다운 삶에 대해 생각해 봅니다.
- 글의 내용을 자기 감정으로 읽기, 입장 바꿔 읽기 등을 통해 사고력 훈련을 합니다.
- 교과서와 연계하여 통합 서술형·논술형 문제를 대비합니다.

둘째 마디 - 윤리

- 인간이 살아가면서 겪게 되는 윤리적인 문제들을 다양하게 살펴봄으로써 보다 바람직한 삶은 어떠해야 하는지 생각해 봅니다.
- 글의 주제를 바르게 이해하고, 다양한 관점으로 읽는 훈련을 통해 하나의 주제를 폭넓게 생각하는 힘을 키웁니다.

셋째 마디 - 정치

- 선거, 전쟁, 평화, 통일 문제 등을 논의하고, 오늘날을 살아가는 한국인으로서 정치적 생활에서 반드시 생각해 보아야 할 핵심 과제가 무엇인지 생각해 봅니다.
- 글과 연계된 다양한 상황을 추론하고 논리적으로 비판하여 창의력과 논리적인 사고력을 키워 줍니다.

넷째 마디 - 경제

- 돈, 소비 등 생활 속에 밀접한 경제 문제를 다양한 사례와 자료를 통해 폭넓게 이해하는 연습을 합니다.
- 글의 내용을 '나'의 문제와 연관시켜 읽는 훈련을 통해 글에 대한 이해를 높여 줍니다.

논술 테스트 02

신용 사회를 만들어요!

– 신용 카드 사용의 장단점에 대해 생각하기 –

신용 카드가 너무 많아요.

백화점 카드, 주유소 카드, 교통 카드
무슨 카드의 종류가 이렇게 많은지…….
신용 카드를 사용하면 당장은 편리하겠지만 생각 없이 신용 카드를 많이 쓰면 어떻게 될까요?

〈신용〉과 관련된 경제 문제는 〈2003년 단국 대학교〉 논술 기출 문제 등 많은 대학에서 출제하고 있는 문제입니다.

첫째 마디 | 인간

이웃이 좋다

나에게 먼저 다가와 인사해 주기를 바라지 말고,
먼저 다가가 인사해 보세요.
든든한 이웃이 생기는 시작이 될 거예요.

생각 깨우기 | 가깝게 지내요! 교과서를 내 것으로 | 혼자 살 수 없는 세상 읽는 힘 담금질하기 | 이웃끼리 사이좋게 지내요 생각을 내 것으로 | 나 홀로는 싫어요!

먼저 다가가는 마음

수진아! 이 그릇 옆집에 돌려주러 갈 건데 같이 가자꾸나. 마침 그 집 애도 너랑 동갑이라고 하니 친구하면 되겠다.

저번 주에 새로 이사 온 옆집이요? 됐어요. 그냥 집에 있을래요.

새로 이사 와서 동네가 얼마나 낯설겠니. 그릇 가져다 주면서 자연스럽게 친해지면 좋잖아. 공부도 같이 하고, 같이 놀 수 있는 친구가 옆집에 살면 좋잖니. 어서 가자.

음. 귀찮은데…….

이것만은 꼭!

'이웃'이란 무엇인가요?

국어 사전을 찾아보면 '이웃'이란 말의 의미가 '가까이 있는 곳, 가까이 있는 사람이나 그 집, 가까이 있어 경계가 서로 맞닿아 있음'이라고 정의되어 있습니다.
여러분은 이웃에 누가 살고 있는지 알고 있나요? 이웃과 함께 잘 어울려 지내나요? 나와 우리 이웃의 관계는 어떤지 되돌아봅시다.

이웃이 사촌보다 낫다?

가까이 사는 이웃이 먼 곳에 사는 친척보다 좋다는 뜻으로, 자주 보는 사람이 정도 많이 들기 때문에 도움을 주고받기도 쉽다는 뜻입니다. 이웃과 잘 지내려면 어떻게 해야 할까요? 나의 이웃이 나에게 먼저 다가와 주기를 바라기보다 내가 먼저 다가가는 용기를 내어 보는 것은 어떨까요?

가깝게 지내요!

※ 다음 그림을 보고, 질문에 답해 봅시다.

TEXT GUIDE
- 광고 읽기
- 이웃과 멀어져 가는 현실을 비판
- 출처 : 공익 광고 협의회, 윤여종 외 2人 「이웃집은 천리길?」

㉠ 이웃집은 천리길?

문 하나 사이에 두고 있지만 천리길보다 먼 우리의 이웃.

어려운 일이 있어도 도움의 손길이 필요해도, 문 밖을 나서면 남인 현실.

㉡ 멀리 있는 사촌보다 가까운 것이 우리의 이웃입니다.

나의 이웃은 늑대?
무서워!

1 이 광고는 어떤 현실을 표현하고 있는 것인지 ㉠을 참고로 하여 써 봅시다.

2 ㉡의 말의 의미가 무엇인지 써 봅시다.

3 이 포스터의 주제는 무엇인지 한 문장으로 써 봅시다.

혼자 살 수 없는 세상

교과서를 내 것으로

-1 읽기 교과서 첫째 마당 _ 새로운 시작을 위하여

교과서 읽기

우리는 이웃과 더불어 살아간다. 우리의 이웃 중에는 이웃의 일에 관심을 가지고 이웃의 일을 도와 주려고 애쓰는 친절한 사람이 있다. 그 사람이 베푸는 친절은 우리의 마음을 즐겁게 한다.

친절한 사람은 이웃에게 관심을 가지는 사람이다. 이웃에게 관심을 가지면 그의 처지나 어려움을 알게 되고, 또 이해하려는 마음을 가질 수 있다. 그런 마음에서 친절한 말과 행동이 우러나온다.

이웃과 잘 지내려면 어떻게 해야 할까요?

교과서 뛰어넘기

어느 마을에 아름다운 정원을 가진 거인이 살고 있었습니다. 마을의 어린이들은 거인의 정원을 보며 '저 정원에서 놀면 얼마나 좋을까?'라는 생각을 했습니다. 그러나 거인은 혼자 있기를 좋아하고, 성격도 포악한데다 욕심까지 많았습니다.

그러던 어느 날 거인은 긴 여행을 떠났습니다. 이 사실을 알게 된 아이들은 학교가 끝나고 거인의 정원으로 달려갔습니다. 아이들은 거인의 정원에서 신나게 놀았습니다.

거인의 정원에는 봄에는 향기로운 꽃이 피고, 여름에는 새 소리가 들리고, 가을이 되면 과일들이 주렁주렁 열렸습니다.

"이 정원에서 노는 것은 정말 좋아. 너무 재미있어!"

아이들은 기분이 좋아 말했습니다.

7년 간의 여행을 마치고, 집에 돌아온 거인은 자신의 정원에서 놀고 있는 아이들을 발견하고 소리를 질렀습니다.

"여기서 뭐 하는 거지? 내 허락 없이 이 정원에서 놀다니 용서할 수 없어."

화가 난 거인은 아이들에게 소리를 지르고 정원의 담을 더 높이 쌓아 올려 '정원에 아무도 들어오지 마시오! 들어오는 사람은 가만히 두지 않겠어'라고 써 붙였습니다.

TEXT GUIDE

- 동화 읽기
- 오스카 와일드, 『욕심쟁이 거인』
- 이웃과 더불어 사는 삶의 중요성을 알려 줌

낱/말/풀/이

- **포악** : 사납고 악함.
- **발견** : 세상에 널리 알려지지 않은 것을 먼저 찾아냄.
- **경고문** : 조심하라고 알리는 글.
- **경쾌한** : 마음이 기쁘고 상쾌한.

"거인 아저씨의 정원 말고 우리는 놀 곳이 없어. 길에는 돌이 잔뜩 박혀 있고, 먼지투성이라고."

정원에서 놀 수 없게 된 아이들이 정원 담에 붙인 경고문을 보며 말했습니다.

어느덧 봄이 되었습니다. 새들은 노래하고 온 세상은 예쁜 꽃과 나무들이 새싹을 틔우기 시작했습니다. 그러나 이상하게도 거인의 정원은 아직도 겨울이었습니다.

"아이들이 없는 정원은 재미 없어."

새들은 아이들이 없는 정원에서 노래를 부르고 싶어하지 않았습니다. 나무와 꽃들도 새 잎을 피우고 싶어하지 않았습니다.

거인의 정원은 차가운 눈과 얼음으로 뒤덮여 있었습니다. 눈과 얼음, 겨울 바람이 떠나지 않는 거인의 정원은 예전의 아름다움을 찾을 수 없었습니다.

"거인은 욕심이 너무 많아. 자기 것을 남과 나눌 줄 모르니 말이야. 나누는 기쁨을 알아야 친구도 생기고 즐거움도 커진다는 것을 왜 모를까?"

가을이 거인의 정원을 지나치며 말했습니다.

"정원에 꽃도 피지 않고, 새도 노래하지 않으니 나 혼자 버려진 느낌이군. 정말 외로워. 왜 내 정원에는 봄이 찾아오지 않는 거지?"

거인은 창가에 앉아 정원을 바라보며 중얼거렸습니다.

어느 날 아침, 거인이 침대에 누워 있을 때였습니다. 어디선가 경쾌한 음악 소리가 들려왔습니다. 임금의 악대가 지나간다고 생각한 거인은 침대에서 일어나 창문을 열었습니다. 창문을 여니 달콤한 꽃향기가 풍겨왔습니다.

"아니. 내 정원에도 봄이 왔구나. 봄이 왔어."

창 밖에는 더 놀라운 광경이 펼쳐져 있었습니다. 정원 담장의 구멍으로 아이들이 들어와 나무에 매달려 놀고 있고, 아이들의 머리 위에는 새들이 날아다니고 있었습니다.

"정말 아름다운 모습이야."

거인은 기뻐 소리를 질렀습니다. 그런데 정원의 한 곳에는 아직도 겨울이 있습니다. 정원의 가장 멀리 떨어진 구석에는 조그마한 아이가 웅크리고 앉아 있었습니다. 아이의 곁에 있는 나무는 얼음과 눈으로 덮여 있었습니다. 아이의 모습이 안타까운 나무가 말했습니다.

"얘야! 왜 여기에 이러고 있니?"

"저 나무 위로 올라가고 싶은데 작아서 올라갈 수가 없어요."

"내가 도와 줄게. 올라오렴."

나무는 있는 힘을 다해 가지를 아래로 내렸지만 키가 작은 아이는 나뭇가지를 잡지 못했습니다.

"왜 내 정원에 봄이 오지 않는지 이제야 이유를 알겠어. 저 불쌍하고 조그마한 아이를 나무에 올려 주어야지. 그리고 정원 담장을 허물어 버려야겠어. 누구든지 이 정원에 와서 놀 수 있도록 말이야."

나무와 아이의 모습을 본 거인은 자신의 정원에 아무도 들어오지 못하게 담을 높이 쌓은 것처럼 자신의 마음에도 높은 담을 쌓고 살아왔다는 것을 깨달았습니다.

거인은 얼른 정원으로 나왔습니다. 거인을 본 아이들은 깜짝 놀라 달아났습니다. 아이들이 사라지자 정원은 다시 겨울이 되었습니다. 정원 구석에는 나무에 오르지 못하여 울고 있는 아이만 남았습니다. 거인은 아이를 안아 나무의 맨 꼭대기에 올려 놓아 주었습니다. 그러자 나무는 꽃망울을 터뜨렸고, 새들이 날아와 노래를 불렀습니다. 아이는 웃으며 거인의 목에 팔을 감고 뺨에 뽀뽀를 해 주었습니다. 구석에서 이 모습을 지켜본 아이들은 거인이 이제 나쁘지 않다는 것을 알고 하나 둘 정원으로 돌아왔습니다.

"이제 이 정원은 모두 너희들 것이야!"

거인은 아이들에게 이렇게 소리쳐 말하고는 도끼로 정원의 담장을 허물어 버리고 아이들과 함께 즐겁게 놀았습니다.

"저 아이들은 나에게 그 무엇보다 소중하고 아름다운 꽃이야. 그 동안 아이들과 어울려 지내는 기쁨을 몰랐다니 내가 참 어리석었어."

1. 거인이 자신의 정원에 아이들을 오지 못하게 한 까닭은 무엇인가요? (   )

   ① 아이들이 시끄럽게 놀기 때문에
   ② 아이들이 정원에 오는 것이 귀찮았기 때문에
   ③ 자신의 것을 남과 나누고 싶지 않았기 때문에
   ④ 아이들이 정원에서 놀다 다칠까 봐 걱정이 되었기 때문에
   ⑤ 아이들이 정원의 꽃과 나무를 해칠까 봐 걱정이 되었기 때문에

2. 거인의 정원에 겨울이 계속되는 까닭은 무엇인가요? 정원을 바라보는 거인의 마음이 어땠을지 써 봅시다.

3. 키 작은 아이를 통해 거인이 깨닫게 된 것은 무엇인지 써 봅시다.

4. 다음 글을 읽고, 거인과 아파트 주민들의 공통점은 무엇인지 찾아봅시다. 그 다음 이웃과 잘 어울리지 않고 무관심해지는 사람들이 많이 생기면 어떻게 될지 이야기해 봅시다.

   > 아파트 580세대 주민을 대상으로 한 '이웃과 잘 어울려 지내는가'에 대한 질문에 "전혀 하지 않는다(24%)", "하지 않는다(27%)"라는 결과가 나왔다. 또 40%는 가끔 교류를 하지만 가재도구나 생활 용품을 빌리는 수준에 그쳐 이웃과의 교류가 크게 미흡한 것으로 나타났다. 이는 바쁜 사회 생활 때문이기도 하지만 개인의 사생활을 간섭받기 싫어하기 때문이기도 하다.

이웃끼리 사이좋게 지내요

TEXT GUIDE

가
- 방송 기사 읽기
- 이웃 간의 정을 돈독하게 하기 위해 '가옥 축제'를 하는 프랑스 사람들에 관한 기사
- 출처 : 서울 신문, 「이웃 간 벽 허무는 파리 지엔들」

나
- 신문 기사 읽기
- 우리나라의 '담장 허물기'를 통해 이웃 간의 정을 돈독하게 하고, 주차 문제를 해결한다는 신문 기사
- 출처 : 조선 일보, 「담장 허무니 마음의 벽 무너졌어요」

낱/말/풀/이
- **사생활** : 개인의 사사로운 일이나 생활.
- **일과** : 날마다 일정하게 하는 일.
- **무관심** : 다른 것에 대해 관심이 없음.
- **만연한** : 널리 퍼지거나 번짐.
- **동참** : 함께 어떤 일을 함.

※ 다음 글을 읽고, 질문에 답해 봅시다.

 개인 사생활을 중시하는 프랑스에서 요즘, 이웃간에 벽을 허무는 운동이 한창입니다. 프랑스식 반상회인 '가옥 축제'에 OOO 파리 특파원이 다녀왔습니다.

여기는 파리의 대표적 주택가, 16구의 작은 광장에 하루 일과를 마친 동네 주민들이 하나 둘 모여듭니다. 손수 만든 요리와 과자, 음료수 등을 들고 나오자 곧바로 멋진 식탁이 차려졌습니다. 삭막한 도시 생활 속에 인사 한번 제대로 나눈 적 없는 이웃이지만 포도주 한 잔을 곁들이자 분위기는 곧 화기애애해집니다.

 1년에 한 번씩 이런 기회를 통해 이웃과 사귈 수 있어 참 좋습니다. 평소 말 한 마디 못 건넸던 사람과 인사 나누는 데 이보다 더 좋은 방법은 없습니다.

 프랑스 사람들은 개인 생활을 간섭받기 싫어하고, 이웃에게 피해를 주는 일도 하지 않았습니다. 이러한 프랑스 사람들의 이웃에 대한 무관심이 사회적 문제가 되었습니다. 이 문제를 해결하기 위해 이웃끼리 마음의 벽을 허물고 돈독한 정을 나누는 프랑스식 반상회 '가옥 축제'가 지난 99년부터 시작됐습니다. 올해는 프랑스 전역에서 4백만 명이 참가할 정도로 큰 호응을 얻었습니다. 동네 주민들이 스스로 만들어 나가는 프랑스식 반상회는 개인주의가 만연한 프랑스 사회를 하나로 연결하는 좋은 고리가 되고 있습니다.

 전국 곳곳에서 '담장 허물기' 운동이 퍼져가고 있다. 개인 주택은 물론 공공 기관, 병원, 학교, 교회 등이 잇따라 참여하고 있다. 담장을 허문 공공 기관은 남는 공간을 예쁜 공원으로 꾸며 주민들에게 개방한다. 서울에서는 최근까지 교통 방송 본부, 성북구 종암 경찰서, 강남 병원 등 공공 기관 65곳과 초·중·고등학교 437곳이 담장을 허물었

다. 고려대, 중앙대, 한국 외대, 서울대 의대, 숭실대 등 7개 대학도 담장을 없애는 데 동참했다. 서울시 관계자는 "담장을 허물어 부족한 주차 공간을 확보하자는 취지에서 시작된 사업"이라며 "차를 집안으로 들이면서 예전과 같은 막가파식 싸움이 많이 줄었다"고 말했다.

1. 가 프랑스에서 '가옥 축제'를 열고, 나 우리나라에서 '담장 허물기' 운동을 시작하게 된 까닭은 무엇인가요?

- 가옥 축제
- 담장 허물기

2. 프랑스의 '가옥 축제'와 우리나라의 '담장 허물기' 운동을 통해 사람들이 깨닫게 된 것은 무엇인지 써 봅시다.

3. 이웃과 사이좋게 지내면 어떤 점이 좋을지 생각하여 써 봅시다.

나 홀로는 싫어요!

※ '나 홀로' 물고기와 다른 물고기들이 상어를 무찌를 수 있었던 까닭을 써 보고, 이웃과 친해지기 위해 우리가 할 수 있는 일을 써 봅시다. (300±50자)

TEXT GUIDE

- 만화 읽기
- 각자 혼자서 살아가던 물고기들이 힘을 합쳐 상어를 무찌르는 이야기

로그아웃

여러분! 손자를 안고 계시는 할머니의 모습이 어때 보이나요?

나와 가까운 이웃을 생각하는 마음은 큰 것이 아닙니다.

작은 관심과 배려가 필요할 뿐입니다.

둘째 마디 | 윤리

우리는 모두 같아요!

이 시소는 '인권 시소'예요.
'인권 시소'는 지위, 체격, 얼굴 색깔, 사는 곳, 나이가 달라도
누구에게나 똑같은 무게를 갖고 있어 기울어지지 않아요.

생각 깨우기 | 당신은 나와 다르지 않아요 읽는 힘 담금질하기 | 1 열심히 일한 당신, 이 땅을 떠나라? 2 아직도 광복은 오지 않았습니다 3 사랑의 매 생각을 내 것으로 | 체벌에 대한 '나'의 생각

무조건 내 말만 들어!

선생님, 청소를 모두 남아서 하는 것보다 10명씩 돌아가면서 하는 게 좋을 것 같아요.

뭐라고? 내가 분명히 이제부터 교실 청소는 우리 반 40명 모두 남아서 한다고 말하지 않았어?

네, 그렇지만 40명 모두 남아서 청소하는 것보다 10명씩 돌아가면서 하는 것이 각자 시간도 낭비하지 않고 더 빠르고 쉽게 청소를 할 수 있을 것 같아서요. 그리고……

시끄러워. 시키면 시키는 대로 할 것이지. 왜 그리 불만이 많아?

우리 주변에서는 함께 민주적으로 의견을 모으고 결정해야 할 일을 어른이라고 해서 무조건 일방적으로 정해 버리는 일들이 일어나곤 합니다. 어른이 되면 어린이들의 생각은 전혀 고려하지 않고 결정을 내려도 되는 걸까요?

이것만은 꼭!

'인권'은 무엇인가요?

인권이란 한마디로 모든 사람들이 인간답게 살아갈 권리를 말합니다. 나라나 법에 의해서 만들어진 권리가 아니라 세상에 태어나는 것과 동시에 누구에게나 주어지는 권리이지요. 따라서 이것은 성별, 인종, 신분, 지위와 상관 없이 똑같이 주어진 권리랍니다.

소중하게 대해 주세요.

인권은 아무도 침해할 수 없는 것임에도 불구하고 사회의 관심에서 소외된 사람들, 숫자상으로 적은 집단에 속한 사람들, 경제력이 없는 사람들, 법에 대한 지식이 부족한 사람들의 인권이 침해당하는 경우가 많아요. 예를 들면 어린이, 여성, 노인, 장애인, 노숙자, 난민, 외국인 노동자, 해외 동포 등이 인권을 많이 침해당하고 있습니다. 이러한 사람들에게도 인간답게 살아갈 권리가 있는 만큼 그들의 권리가 침해당하지 못하도록 보호해 주어야 하는 것입니다.

생각 깨우기 — 당신은 나와 다르지 않아요

※ 다음 그림을 보고, 질문에 답해 봅시다.

 TEXT GUIDE
- 포스터 읽기
- 겉모습은 다르지만 모두 소중하고 똑같은 사람이라는 내용의 인권 포스터
- **출처** : 국가 인권 위원회, 「달라도 같아요」

㉠ 은 다르지만 타고난 권리는 같습니다. ㉡ 사람은 모두가 소중합니다.

나도 다르게 생겼다구~!

1 ㉠에 들어갈 알맞은 말을 3개 써 봅시다.

　　　　　　　　　　　　　　　　다르지만 타고난 권리는 같습니다.

　　　　　　　　　　　　　　　　다르지만 타고난 권리는 같습니다.

　　　　　　　　　　　　　　　　다르지만 타고난 권리는 같습니다.

2 ㉡의 뜻과 가장 잘 어울리는 속담은 무엇입니까?　　　　(　　　)

① 가재는 게 편이다.
② 발 없는 말이 천 리 간다.
③ 개구리 올챙이 적 생각 못한다.
④ 열 번 찍어 안 넘어가는 나무 없다.
⑤ 사람 위에 사람 없고, 사람 아래 사람 없다.

3 이 포스터는 무엇을 알리려고 하는 것일까요?

01 열심히 일한 당신, 이 땅을 떠나라?

읽는 힘 담금질하기

TEXT GUIDE
- 인터뷰 기사 읽기
- 이주 노동자들이 받는 인권 침해에 대한 신문 인터뷰 기사
- 출처 : 오마이뉴스, 「이주 노동자도 기본권을 가진 인간」

※ 다음은 강제 추방에 반대하는 외국인 노동자들과의 인터뷰 내용입니다. 잘 읽고, 질문에 답해 봅시다.

진행자 : 외국인 노동자들은 어떤 상황에 놓여 있나요?

사마르(외국인 노동자) : 4년 이상 된 외국인 노동자들은 모두 강제 추방 되고 있습니다. 정부의 집중 단속이 시작되면서 여러 곳에서 일하던 이주 노동자들은 재래 시장, 도로, 집 아무 데서나 잡히면 일단 사진을 찍고, 쫓겨나요. 대부분 8~9년씩 한국에서 일한 노동자들입니다. 그런데, 우리에게 왜 나가라고 하는지, 잘 이해가 안 돼요.

진행자 : 중소 기업에서는 일할 사람이 모자란다면서 외국인 노동자들을 채용하잖아요. 그러면서 도대체 정부는 왜 이 사람들에게 나가라고 하는 거죠?

이금연 : 영주권 문제가 있어요. 우리나라에서는 싼 값에 이주 노동자들을 부려먹지 않습니까? 그런데 이 사람들이 8~9년씩 한국에 살다보면 이것저것 알게 되고, 그러면 정부가 이들을 관리하기 참 힘들어집니다. 그래서 그들이 한국에 눌러앉아 살겠다는 걸 방지하려는 거죠. 일 잘 배우고 오랫동안 일해서 이제 기술자가 된 사람들은 내보내고 아무 것도 모르는 사람들을 또 다시 데려와 실컷 부려먹고, 좀 익숙해질 만하면 '나가라'고 하는 거예요.

사마르(외국인 노동자) : 이런 일이 있었어요. 네팔에서 온 친구 얘기입니다. 남편은 4년 이상 한국에 있었기 때문에 강제 추방 대상이고, 부인은 3년 미만이라서 1년 더 있을 수 있어요. 아기는 엄마랑 같이 살 수 있지만, 아이도 태어나자마자 불법 체류자가 된 거예요. 국적도 없으니까. 한 가족을 이렇게 헤어지도록 만들어야 하나요? 또 이런 얘기도 있습니다. 아버지를 집에까지 찾아와서 경찰이 잡아갔어요. 외국인이긴 하지만 한국에서 이렇게 슬픈 일이 자주 벌어지고 있어요. 그래서

낱/말/풀/이
- **추방** : 해가 되는 것을 그 사회에서 몰아냄.
- **중소 기업** : 자본금이나 종업원 수, 규모가 작은 회사.
- **채용** : 사람을 뽑아 씀.
- **영주권** : 일정한 자격을 갖춘 외국인에게 주는, 그 나라에서 영원히 살 수 있는 권리.

전 지금 벌어지는 강제 추방을 중단해야 한다고 생각합니다.

진행자 : 한국에서 살면서 차별도 많이 당하셨죠?

사마르(외국인 노동자) : ㉠ 나는 한국 사람이니까 똑같이 일해도 너보다 돈을 더 많이 받아야 된다고 말하는 사람도 있었어요. 식당가면 우리가 공짜로 밥 먹는 것도 아닌데 괜히 눈치를 주죠. 반말로 말하는 건 기본이구요. 하지만 이해가 안 가요. 우리도 똑같은 사람인데, 왜 그래야 돼요? 이런 차별을 당할 때, 차라리 당당하게 우리나라에 가서 살고 싶지만, 한편으로는 여태까지 이 고생하면서 여기서 살았는데 조금만 더 참고 있어 보자. 그런 생각이 들어요. 맞아도 참고, 욕해도 참고, 다 참고 고생하면서 살았는데……. 그냥 이렇게 돌아가기는 너무 억울하잖아요.

소하나(외국인 노동자) : ㉡ 공장에서 돈 줄 때, 사람들이 그런 말 많이 했어요. 이거 여기서는 작지만, 너희 나라 가면 큰돈으로 바꿀 수 있잖아. 그러니까 이거 많이 주는 거야.

진행자 : 우리도 일제 강점기 때 똑같은 고통을 겪었을 텐데, 그런 문화가 바뀌지 않는 건 왜 그럴까요? 참 답답합니다.

사마르(외국인 노동자) : 한국 사람들은 우리를 한 번 쓰고 버리는 쓰레기처럼 생각하겠지만, 우린 사람입니다. 우리도 사람이에요. 인간답게 살고 싶어요. 정말, 정말로…….

1 사마르와 소하나의 이야기를 듣고, 느낀 점을 써 봅시다.

2 ㉠과 ㉡ 같은 태도로 외국인 노동자를 대하는 사람들에 대해 어떻게 생각하나요? 그들에게 충고의 말을 해 봅시다.

3 외국인 노동자들이 차별을 받는 이유를 생각해 본 후, 이 문제를 해결하기 위한 방법을 써 봅시다.

차별을 받는 이유	
해결책	

02 아직도 광복은 오지 않았습니다

TEXT GUIDE
- 신문 기사 읽기
- 우토로 지역의 우리 민족의 인권 문제
- 출처 : 한겨레 신문

※ 다음 글을 읽고, 질문에 답해 봅시다.

1941년 제2차 세계 대전 중 일본은 군사 비행장 건설을 위해 강제로 조선인 노동자들을 이 곳에 끌고 옵니다. 그러나 1945년 일본이 전쟁에서 지자 비행장 건설은 중단되었고 이들은 하루아침에 실업자가 되었습니다. 많은 조선인들이 광복의 기쁨을 안고 일본을 빠져나갔지만, 조국에 친척도 집도 아무것도 남아 있지 않았던 사람들, 배 삯을 구할 수 없었던 사람들은 여건이 허락하는 때에 곧 돌아가리라는 희망을 품고서 이 곳에 남았습니다.

전쟁 후에 토지 관리가 제대로 이루어지지 않은 상태에서 이 곳 조선인들은 공터를 갈고 숙소를 수리하며 어렵게 살았습니다. 그렇게 살아온 세월이 60년이며, 그 긴 시간 동안 이 곳 조선인들은 일본 사회의 상상도 할 수 없는 차별을 견뎌야 했습니다. 그런데 최근 주민들 모르게 이 우토로 지역이 일본의 한 기업에게 팔렸고 그 기업에서는 주민들에게 우토로를 떠나라고 강요했습니다. 주민들은 60년 넘게 살아온 삶의 터전이 자신들 모르게 매매됐고, 또한 강제로 떠나라는 법원의 판결이 내려지자 억울함과 불안감에 항의했지만, 일본 법원은 주민들에게 우토로를 떠나라는 판결만 다시 내렸습니다.

유엔에서조차 일본의 이러한 판결에 '강제 퇴거는 중대한 인권 침해'라는 점을 반복해 경고했습니다. 가족과 이웃 사람들과 함께 사회를 꾸리며 살아온 사람들에게 있어 강제로 이 곳을 떠나라는 것은 그들이 살아온 시간과 살아갈 시간 모두를 존중하지 않는 것이나 다름없으니까요.

낱/말/풀/이
- 일제 강점기 : 우리나라가 일본에 국권을 빼앗겨 통치당하던 시대.
- 취득 : 자기 것으로 함.
- 퇴거 : 물러남, 거주지를 옮김.

1 조선인들이 일본의 우토로 지역에 살게 된 까닭은 무엇입니까?

2 일본의 강제 퇴거 결정이 우토로 지역 사람들의 인권을 침해하는 이유는 무엇입니까?

※ 다음 글을 읽고, 질문에 답해 봅시다.

> 일본인과 조선인이 반반씩만 살았더라도 이런 토지 문제는 일어나지 않았을 겁니다. 조선인만 살고 있기 때문에 차별한다고 생각합니다. 저는 절대 용서할 수 없습니다. 선조의 발자취를 헛되게 하고 싶지 않습니다. 힘이 있는 한 싸울 겁니다.(김○○, 76세)
>
> 왜 지금에 와서 나가라고 하는 것입니까? 우토로에 일본 사람이 반 정도만 살았었더라도 이런 짓은 못할 것입니다. 고국에서 끌려나와 걸레처럼 일을 했고, 전쟁이 끝난 뒤에는 방치되었는데, 이제는 지금 살고 있는 토지마저 빼앗길 상황입니다.(문○○, 86세)

TEXT GUIDE
- 인터뷰 읽기
- 우토로 지역에서 나가야 하는 조선인의 입장
- 출처 : 우토로 국제 대책 회의 홈페이지

낱/말/풀/이
- **차별** : 차이가 있게 대우함.
- **방치** : 그대로 버려둠.

3 우토로 지역 사람들의 인권을 지키기 위해 우리가 할 수 있는 일은 무엇이 있을까요?

03 사랑의 매

※ 다음 글을 읽고, 질문에 답해 보세요.

TEXT GUIDE

가
• 일화 읽기
• 말썽꾸러기였던 홍서봉을 교육시키기 위해 어머니는 체벌을 했고, 이러한 어머니의 교육 방법은 홍서봉을 훌륭한 사람으로 만들었다는 이야기

나
• 논설문 읽기
• 체벌 반대 이유

가 조선 인조 때 영의정을 지낸 홍서봉은 어린 시절 아버지를 잃고 어머니 밑에서 자랐다. 젊은 나이에 혼자가 된 그의 어머니 유씨는 홍서봉이 워낙 말썽꾸러기에다 공부도 하지 않아 골머리를 앓았다. 유씨는 아들이 글방에서 돌아오면 공부한 것을 외우도록 했으나 서봉은 한 자도 외우질 못했다. 참다 못한 유씨는 회초리를 들었고 아들의 종아리를 걷어 사정없이 매를 쳤다.

매를 든 날이면 유씨는 골방에 들어가 소리 없이 울었고 맞은 데가 아파서 잠을 못 이루는 아들을 보며 못내 안타까워했다. 어머니의 매서운 회초리 덕분인지 서봉은 점차 착실한 어린이가 되어 갔고, 글공부도 스스로 열심히 하기 시작했다. 어머니는 이 때부터 매를 멈추고 회초리를 가장 아끼는 비단에 싸서 장롱에 넣어두었다. 19살이 된 서봉은 그해 진사 시험에 합격하고 2년 뒤에는 대망의 장원 급제를 하게 된다. 고향으로 돌아와 큰절을 올리는 그에게 유씨는 장롱 속에 숨겨뒀던 비단 보자기를 풀어 반들반들해진 회초리를 보여 주며 "네가 오늘 장원 급제를 한 것은 이 매의 덕이다. 너에게 더없이 고마운 스승이다"고 말한다. 서봉은 큰 울음을 터뜨렸고 그 후 어머니에게서 받은 '사랑의 매'를 늘 곁에 두고 게으르거나 부정한 생각이 들 때 마음을 바로잡곤 했다.

낱/말/풀/이

• **영의정** : 조선 시대 최고 관청인 의정부의 으뜸 벼슬.
• **대망** : 기다리고 바람.
• **장원 급제** : 과거에서 수석으로 합격함.
• **안목** : 사물을 보아서 분별할 수 있는 식견, 또는 사물의 가치를 판별할 수 있는 능력.
• **치명적** : 회복할 수 없을 정도의 결정적인 타격이나 상태.

나 체벌의 교육적 효과는 일시적일 뿐입니다. 또, 체벌도 폭력의 일종이기 때문에 교육적 의미가 크게 떨어지죠. 최근 유럽과 아시아, 미국의 연구진들이 체벌을 받으며 자란 아이와 그렇지 않는 아이를 대상으로 발달 과정상의 차이에 대해 조사를 했는데, 체벌을 받은 아이는 그렇지 않은 아이보다 문화적 차이와 상관 없이 공격적이고 불안감이

많아질 가능성이 있다는 결과가 나왔다고 해요.

　이처럼 체벌은 순간적인 효과만 나타낼 뿐이지 장기적인 안목으로 보았을 때 교육적 수단은커녕 아이들 성장에 치명적인 피해를 주는 것입니다. 또한, 교육이라는 목적을 위해 체벌이라는 폭력적 수단을 쓰는 것은 목적을 이루기 위해서는 어떤 수단과 방법을 가리지 않아도 된다는 잘못된 생각만 심어 주게 되는 것입니다.

－ 체벌 반대 교사

1 가 이야기에 나타난 체벌의 교육적 효과는 무엇인지 써 봅시다.

2 나 글의 선생님이 체벌을 반대하는 까닭은 무엇인가요?

체벌에 대한 '나'의 생각

※ 제시문을 참고해서 교육을 위해 체벌이 허용되야 하는 것인지 나의 생각을 써 봅시다. （300±50자）

로그아웃

사람은 누구나 가치가 있습니다.

그 가치는 어떤 이유를 가져와도 누구도 함부로 다룰 수 없는 것입니다.

그것은 나이가 적든 많든, 얼굴의 색깔이 다르든, 신체가 불편하든 상관이 없는 것이지요. 하지만 불행하게도 우리 사회에서는 나보다 어린 사람, 나와 다른 모습, 나보다 경제적으로 어려운 사람, 출신 성분이 다른 사람 등 힘 없고 가진 것 없는 사람들의 소중한 권리를 무시하는 경우가 많아요.

세상에 어느 누구도 다른 사람을 무시할 수 있는 권리가 있는 사람은 없습니다. 태어날 때부터 누구에게나 주어지는 인권. 나의 인권이 소중하듯 다른 사람의 인권도 똑같이 소중하다는 생각을 실천할 수 있을 때 우리 사회는, 또 세계는 지금보다 훨씬 살기 좋은 곳이 될 것입니다.

논술 테스트 01

모두 똑같은 어린이에요

- 외국 어린이들의 인권에 대하여 -

어린이는 일보다 꿈을 키워야 해요.

여러분이 지금 신고 있는 운동화는 가난한 다른 나라의 어린이들이 만든 것일 수도 있습니다. 그 아이들의 피와 땀으로 만든 운동화를 신고, 넓은 운동장을 달리며 축구 선수가 되고 싶은 꿈을 키우고 있을지도 모릅니다.

〈인권 문제〉를 다룬 문제는 〈2003년 서강 대학교〉 논술 기출 문제 등 많은 대학에서 출제하고 있는 문제입니다.

우리를 보호해 주세요

TEXT GUIDE

가
- 만화 읽기
- 어두운 곳에서 공을 만들고 있는 아이의 모습을 통해 아동 인권에 대해 생각해 보기
- 출처 : 유니세프 홈페이지, 「노동으로부터 보호 받을 권리」

나
- 동화 읽기
- 부모님의 빚을 갚기 위해 공장에 들어간 이크발에 관한 이야기

가 의 만화와 **나** 에 나타난 공통된 문제점이 무엇인지 찾아보고, 우리 사회에서 그와 비슷한 사례를 찾아 써 봅시다. (500±50자)

나 1986년 이크발의 형이 결혼하기로 하자 집을 나갔던 아버지가 돌아왔다. 파키스탄에서 결혼식은 매우 중요한 일이고, 결혼식에 드는 비용의 일부를 아버지가 내야 했다. 그러나 돈이 없는 이크발의 아버지는 카펫 공장의 주인 아샤드에게 찾아가 이크발이 일을 해서 빚을 갚는다는 조건으로 우리나라 돈으로 약 15,000원인 6백 루피를 빌려 왔다.

이크발은 아버지의 빚을 갚기 위해 카펫 공장에서 그 후 5년 동안 일을 해야 했다. 파키스탄에는 이크발과 같은 아이들이 많았다. 어린이 노동자 가운데 절반 이상이 열두 살 생일을 맞이하기도 전에 목숨을 잃거나 부상을 입고, 영양 실조나 질병으로 죽었다.

공장으로 일하러 가기로 한 첫 날, 이크발은 새벽 네 시에 잠자리에서 일어나야 했다. 카펫 공장 주인 아샤드가 공장까지 데려

어린이는 신나게 놀 권리도 있는데……

가기 위해 오기 때문이다.

　공장에 도착한 이크발은 창문 하나 없고 알전구 두 개만 달랑 켜 있는 방으로 들어갔다. 스무 명의 아이가 바쁜 손놀림으로 베를 짜고 있었다. 이크발은 처음 1년 동안은 수습생이었기 때문에 임금도 주지 않았고, 도망치지 못하게 베틀에 묶어 놓았다. 이크발은 하루에 열두 시간씩 가끔은 더 많은 시간을 쪼그리고 앉아 베를 짜야만 했다. 점심 시간은 겨우 삼십 분이었고, 수습 기간이 끝난 뒤에는 하루에 1루피(약 25원)를 받았다.

　이크발은 불공평한 그의 운명에 반발심을 느꼈다. 아무리 열심히 일을 해도 그의 빚은 계속 늘어났다. 아샤드는 이크발의 원래 빚에다가 베틀을 고치거나 원료를 사는 데 드는 비용을 제멋대로 추가했다. 실수하거나 게으름을 피운 시간, 심지어 아파서 일을 못한 시간까지도 벌금을 물렸다. 사고로 베틀에 손가락을 다치기라도 하면 카펫에 피가 묻을까 봐 상처에 뜨거운 기름을 떨어뜨렸다. 몸이 아프거나 다른 사람보다 일을 못하면 방에 혼자 가두어 두고 도망치면 죽이겠다는 협박도 서슴치 않았다.

　이크발은 경찰에게 달려가 이러한 현실을 이야기했지만 경찰은 아샤드에게 연락하여 이크발을 다시 공장으로 보냈다.

어린이들은 어른이 보호해주어야지!

차근차근~
생각을 정리해 보자!

답안을 쓰기 전에, 생각부터 정리하고, 의문을 던져 보세요~!

1. **가** 의 만화에서 아이들은 무엇을 하고 있습니까?
2. **나** 의 글에서 이크발이 카펫 공장에 들어간 까닭은 무엇입니까?
3. 카펫 공장의 주인 아샤드의 행동에 대한 나의 생각을 이야기해 봅시다.

이렇게 써요

무엇을 써야 하지?

주어진 논제는 다음과 같은 내용을 요구하고 있습니다.

① 가 의 만화와 글 나 의 공통된 문제점을 쓰고,
② 우리 사회에서 나타나는 비슷한 사례를 찾아봅니다.

가 의 만화와 나 의 글에서 파키스탄의 아이들이 자신의 꿈을 빼앗긴 채 공장에서 부당한 대우를 받으며 일을 하고 있는 모습을 보여 주고 있습니다. 이러한 문제의 공통점을 찾아 우리의 현실에서는 이와 비슷한 어떤 일이 일어나고 있는지 찾아봅니다.

어떻게 써야 하지?

1) 제시문의 내용을 정확하게 파악할 것!

가 의 만화에서는 파키스탄의 아이들이 공장에서 축구공을 만들고 있는 모습을 보여 주고 있습니다.

나 의 글에서 '이크발'은 아버지의 빚을 갚기 위해 공장에서 일을 하게 됩니다. 공장에서 이크발은 온갖 학대를 받게 되고, 돈도 제대로 받지 못합니다. 이크발은 부당한 대우를 받는 현실에서 벗어나기 위해 발버둥치지만 냉혹한 현실은 이크발을 다시 공장으로 돌아가게 만듭니다.

2) 우리 현실 속에서 비슷한 사례를 찾아보자.

가 , 나 와 같은 사례를 우리 현실 속에서 찾기는 쉽지 않습니다.
어린이들의 인권이 무엇인지 먼저 이해하고, 우리 현실에서 벌어지고 있는 아동 인권 침해 사례를 찾아봅니다.
얼마 전 혼자서 집에 있던 아이가 기르던 개에 물려 사망하는 사건이 있었습니다. 이렇게 보호받아야 할 어린이가 방치된 것 또한 아동 인권 침해의 한 예가 되겠죠?

발상 및 구상

이름 :　　　　　　　　　　　　　　　학교　　학년　　반

셋째 마디 | 정치

내 손으로 뽑아요

화살표를 따라가 보세요.
무엇을 하는 과정을 나타낸 것일까요?

생각 깨우기 | 잘 알고 써야지! 읽는 힘 담금질하기 | 01 오늘은 선거날 02 숲 속의 왕은 누가 될까요? 03 아름다운 투표 생각을 내 것으로 | 나를 뽑아줘!

아빠! '정치'가 무슨 뜻이에요?

아빠! '정치'가 무슨 뜻이에요?

'정치'란 국가나 사회 또는 어떤 조직에서 의견의 차이를 좁혀서 서로에게 좋은 해결 방안을 찾아 그 일을 하는 것이란다.

그럼, 정치는 정치인만 하는 것인가요?

물론 정치인은 우리를 대표해서 정치를 하지. 그렇다고 정치인만 정치를 하는 것은 아니란다. 국민들도 정치에 참여할 수 있단다. 대표자를 뽑는 선거를 하거나, 시민 단체 활동에 참여하기도 하지. 또 요즘엔 인터넷으로 참여할 수도 있고, 텔레비전 프로그램에 참여하기도 한단다.

이것만은 꼭!

1. '선거'란 무엇인가요?

선거란 우리들을 대표하여 일할 사람, 즉 대표자를 뽑는 것을 말합니다. 학급 살림이나 나라 살림을 모든 사람이 함께 참여하여 꾸려 나가는 것이 어렵기 때문에 우리들을 대신하여 일할 대표자를 뽑는 선거가 필요한 것이지요.

학생의 대표인 학급 회장이나 전교 어린이 회장, 국민이나 지역 주민의 대표인 대통령, 국회 의원, 지방 의회 의원, 도지사, 시장, 군수 그리고 구청장을 투표로 뽑아 우리들을 위해서 일하게 하고 있습니다.

2. 공명 선거는 어떤 것인가요?

공명 선거란 선거가 바르고 깨끗하게 치러지는 것을 말합니다. 공명 선거가 이루어지지 않으면 국민이 화합하기 어렵고 경제가 불안해질 수 있으므로 나라의 발전을 기대하기 어렵지요. 깨끗하고 정직한 후보자가 당선되는 것도 중요하지만 선거 과정이나 절차가 잘 지켜지고, 선거인이 자신의 뜻대로 투표하여 선거 결과에 누구나 따를 수 있는지도 중요하답니다.

3. 투표는 꼭 해야 하나요?

소중한 투표권을 포기하는 것은 바람직한 민주 시민의 모습이 아닙니다. 투표는 국민을 대신하여 나라를 운영할 대표자를 뽑기 위한 중요한 절차이므로 모두가 참여해야 한답니다.

나라의 주인으로서 받는 투표권은 권리인 동시에 꼭 해야 하는 의무이기도 하답니다. 그래서 투표를 하는 것은 국민의 소중한 권리를 행사함과 동시에 의무를 다하는 것이지요.

잘 알고 써야지!

TEXT GUIDE
- 역사 읽기
- 잘못된 선거에 대한 이야기

※ 다음 글을 읽고, 질문에 답해 봅시다.

"도자기 조각 가지고 왔어? 오늘 선거가 있다는데……."

어느 날, 그리스 아테네 시민들이 도자기 조각을 하나씩 들고 광장으로 향하고 있었습니다.

그리스 아테네에서 시민들은 해마다 한 번씩 모여 도자기 조각에 추방할 사람의 이름을 써서 투표를 했습니다. 이것을 '도편 추방제'라고 하는데 1년간 나라를 다스린 관리가 무능하거나 개인의 이득을 취하기 위해 권력을 사용한 것을 가려 내, 관리직에서 물러나게 하고 나라에서 추방하는 제도입니다.

수석 집정관인 아리스티데스도 투표장으로 걸어가고 있었습니다. 그는 아테네 시민들 사이에서 깨끗하고 공정한 관리로 존경을 받고 있던 사람이었답니다.

그런데 ㉠ 한 노인이 아리스티데스에게 도자기 조각을 내밀며 말을 걸었습니다.

"이보게. 내가 글을 쓸 줄 모르네. 미안하지만 이 도자기에 '아리스티데스'라고 써 주겠나?"

"아리스티데스요? 그 사람을 잘 아세요?"

"아니, 얼굴도 본 적이 없는 사람이라네."

"그런데 왜 도자기에 이름을 쓰라고 하시는 거죠? 무슨 나쁜 짓이라도 했나요?"

"아니. 하도 가는 곳마다 의로운 사람이니, 깨끗한 사람이니 하는 소리를 듣다 보니 이젠 듣기 싫어서. 좋은 소리도 한두 번이지……."

아리스티데스는 아무 말도 하지 않고, 그 사내가 내민 도자기 조각에 자기 이름을 써서 돌려 주었다. 이 날 추방할 사람 중에는 아리스티데스도 올라왔고, 결국 다수의 결정으로 10년 동안 아테네 땅을 떠나게 되었습니다.

나도 착하고 일 잘하는데 추방 당하는 거 아니야?

1 이 글에서 사람들이 도자기 조각을 하나씩 들고 광장으로 향하고 있는 까닭은 무엇인지 찾아 써 봅시다.

2 ㉠의 노인이 아리스티데스의 이름을 도자기 조각에 쓰려고 하는 까닭은 무엇인지 써 보고, 노인의 태도에 대한 '나'의 생각을 써 봅시다.

3 아리스티데스는 깨끗하고 의로운 사람임에도 불구하고 다수의 결정에 의해 10년 동안 아테네 땅에서 추방당했습니다. 다수의 결정이 과연 옳은 것인지 생각해서 써 봅시다.

01 오늘은 선거날

※ 다음 글을 읽고, 질문에 답해 봅시다.

TEXT GUIDE

가
- 생활문 읽기
- 민준이네 가족은 선거일에 투표를 하지 않고 놀러감.

나
- 생활문 읽기
- 혜민이네 가족은 선거일에 투표를 함.

가 오늘은 국회의원 선거일입니다. 그래서 민준이는 기분이 너무 좋습니다. 왜냐하면 국회의원 선거 때문에 학교가 쉬는 날이어서 가족 나들이를 가기로 했기 때문입니다.

매번 선거 때마다 엄마, 아빠는 투표는 하지 않고 민준이와 동생을 데리고 놀이 공원에 가서 맛있는 것을 많이 사 주셨습니다. 그래서 민준이는

'나중에 커서 어른이 되면 선거하는 날 가족과 함께 신나게 놀러 가야지'

하고 생각했습니다. 민준이의 마음은 벌써 놀러 가는 차 안에 있었습니다.

나 혜민이는 오늘 학교에 가지 않았습니다. 왜냐하면 오늘은 국회의원 선거일이기 때문입니다. 그런데 혜민이는 몇 가지 궁금한 것이 있었습니다. 나도 국회의원 선거에 투표를 하고 싶은데 몇 살부터 할 수 있을까?

또 내가 하는 어린이 회장 선거와 국회의원 선거의 다른 점은 무엇일까? 혜민이는 아빠에게 여쭈어 보았습니다. 아빠의 설명을 듣고 난 혜민이는 어느 정도 이해는 하였지만 실제 어른들이 선거하는 모습을 보고 싶었습니다.

마침 투표하러 가시는 아빠, 엄마의 손을 잡고 투표소에 가서 어른들의 투표하는 모습을 보고서야 모든 궁금증이 풀렸습니다. 혜민이는 빨리 어른이 되어 투표를 하고 싶었습니다.

낱/말/풀/이
- **기권** : 투표하거나 참가하거나 의사를 표시하거나 하는 권리를 포기하여 누리지 않는 것.
- **기표** : 투표 용지에 써 넣거나 표를 하는 것.

1 <u>가</u> 에서 민준이네 가족은 국회의원 선거일에 무엇을 하였나요?　　（　　　）

① 집에서 쉬었다.
② 투표하러 학교에 갔다.
③ 가족과 함께 놀러 갔다.
④ 국회의원 선거에 참여했다.
⑤ 투표를 하고 가족 나들이를 갔다.

2 <u>가</u> 와 <u>나</u> 에서 민준이와 혜민이는 선거일에 학교에 가지 않았습니다. 선거일을 임시 공휴일로 정한 까닭은 무엇일까요?

3 민준이네 아빠와 혜민이네 아빠 중에서 누구를 본받아야 할까요? 또 왜 그렇게 생각했는지 까닭과 함께 써 봅시다.

02 숲 속의 왕은 누가 될까요?

읽는 힘 담금질하기

TEXT GUIDE
- 동화 읽기
- 숲 속 나라 동물들이 모여 누구를 어떻게 왕으로 뽑을지 의논하고 선거하는 모습
- 출처 : 중앙선거관리위원회, 「이야기로 배우는 선거」

낱/말/풀/이
- **유적** : 옛 인류가 남긴 유형물(有形物)의 자취.
- **교역** : 물건을 서로 사고 파는 일.
- **부강** : 나라의 재정이 넉넉하고 군사력이 튼튼함.
- **진출** : 앞으로 나아감.
- **지배** : 거느려 부림. 통치. 다스림.

※ 다음 글을 읽고, 질문에 답해 봅시다.

따뜻한 봄 햇살 아래 동물들이 모두 모였습니다.
"무슨 일이야?"
호기심 많은 어린 기린은 목을 더 길게 늘입니다.
"숲 속 나라 여러분! 저는 너무 늙어 이제 이 나라를 다스릴 기운이 없어요."
늠름하던 갈기, 튼튼하던 두 발은 더 이상 없습니다. 숲 속을 다스리던 인자하고 용맹스러운 사자도 늙고 말았습니다.
동물 식구들은 웅성거리기 시작했습니다.
"여러분 지금까지는 내가 숲 속 나라를 다스렸습니다. 그러나 이웃 나라에서는 4년마다 한 번씩 나라를 다스릴 왕을 뽑는답니다. 그들은 사이좋고 평화롭게 살아갑니다. 이제 우리도 여러분 중에 누군가를 왕으로 뽑아야 합니다."
숲 속 동물들은 마음 속으로 저마다 왕이 되는 상상을 하고 있었죠.
"에헴, 사자님이 늙었으니 당연히 힘이 센 이 곰이 최고지."
"자자, 머리를 쓰자구. 이런 때 꾀를 내야지."
꾀많은 여우도 왕이 되고 싶은 생각이 들었어요.
"여러분 뭐니뭐니 해도 힘이 최고죠. 난 왕이 되면 이웃 나라와 싸워 먹을 것을 몽땅 빼앗아 오겠습니다."
힘센 곰의 말이 끝나자, 근사하게 차려 입은 여우가 나섰습니다.
"꾀를 내야 해요. 살살 꾀어서 이웃 나라 식량을 몰래 가져오겠습니다. 나한텐 영리한 머리가 있으니까요."
이때 뒤쪽에서 작고 하얀 토끼가 깡충깡충 뛰어 나왔어요.
"여러분, 저는 작고 약한 토끼입니다. 힘센 앞발도 영리한 머리도 없어요. 하지만 저의 두 귀는 크답니다. 그래서 숲을 지나는 바람님의 이야기를 듣지요. 도토

리가 없어 배가 고프다는 작고 약한 다람쥐의 울음 소리를 들을 수 있어요. 저는 이웃 나라의 이야기를 잘 들을 수 있어요. 또한 여러분의 이야기를 듣고 사이좋게 지낼 방법을 생각할게요."

이제 며칠 후면 왕을 뽑는 날입니다.

"이봐, 너구리 양반 나를 뽑는 게 좋을 걸!"

험상궂은 곰의 말에 너구리는 고개를 끄덕일 수밖에 없습니다.

"헤헤, 이 산딸기 맛 좀 보세요. 그리고 이번 왕 뽑는 날에……."

두더쥐는 기린한테 한아름 산딸기를 받았습니다.

"우리는 이웃 나라와 더 사이좋게 지낼 방법이 있답니다."

토끼는 만나는 동물들과 열심히 이야기하고 있습니다.

"손을 들어요. 그래야 누가 나를 뽑았나 알 수 있을 테니까요."

"굼벵이들은 빼요. 말귀도 못 알아듣고 너무 느려요."

"난 이웃집 두더지에게 뽑게 하려고요."

어떻게 왕을 뽑을까 모두 열심히 의논하고 있습니다.

"어허, 아니랍니다. 숲 속의 식구는 모두가 함께 해야 해요. 작고 느리다고 식구가 아닌 건 아니죠. 남에게 대신 뽑게 해도 안 돼요. 그리고 곰님, 왕을 뽑는 일은 남에게 보여 주지 않는 게 좋답니다."

오늘은 숲 속의 왕을 뽑는 날입니다. 동물들은 모두 바쁘게 서두릅니다.

"누가 되든 무슨 상관이람, 난 노는 게 더 좋아."

"아니 아니, 왕을 뽑는 일은 정말 중요해요. 모두 다 개구리님처럼 생각해서 왕을 뽑지 않으면 숲 속 나라는 점점 나빠질 거예요."

졸졸졸 시냇물이 점잖게 타이릅니다.

커다란 느티나무 뒤에서 동물들은 도토리 알에 자국을 냅니다. 그리고 자기가 뽑으려는 동물이 그려진 상자에 도토리 알을 담습니다. 어느덧 해가 저물었습니다.

열심히 달려온 굼벵이가 마지막으로 도토리 알을 담았습니다.

1 곰과 여우, 토끼는 서로 자신이 왕이 되어야 한다고 이야기합니다. 곰과 여우, 토끼가 각각 자신이 왕이 되어야 하는 이유를 뭐라고 했는지 써 봅시다.

2 곰, 기린, 토끼의 선거 운동 방법에 대해 어떻게 생각하나요? 올바른 선거 운동을 하는 방법에 대해 이야기해 봅시다.

3 다음 글을 읽고, 동물들의 선거 운동과 어떻게 다른지 비교하여 봅시다. 그리고 선거 운동을 할 때 지켜야 할 것이 무엇인지 생각하고 써 봅시다.

> 일주일 전 새 학년 새 학기를 이끌 전교 어린이 학생 회장단 선거가 있었다. 선거는 눈에 잘 띄는 곳에 공동 선거 벽보가 붙으면서 시작됐다. 벽보에는 후보들의 사진과 공약이 담겨 있었다. 예전처럼 교실을 돌아다니면서 한 표를 부탁한다거나 아는 사람들에게 전화로 자신을 지지해 달라고 부탁하는 등의 사전 선거 운동은 금지됐다.
> 투표 이틀 전, 전교생이 모인 자리에서 합동 소견 발표가 있었다. 지키지 못할 공약을 한다거나 표를 얻기 위해 지나친 유행어를 사용하는 후보들은 없었다.

03 아름다운 투표

※ 다음 글을 읽고, 질문에 답해 봅시다.

TEXT GUIDE
- 신문 기사 읽기
- 청각장애를 가진 어린이가 전교 어린이 회장으로 뽑힘
- 출처 : 경향 신문, 「아름다운 투표 찡한 감동」

서울 은평구 구산동 예일 초등학교는 최근 들어 교내 분위기가 크게 달라졌다. 전국 초등학교 사상 처음으로 장애를 가진 학생이 전교 어린이 회장에 뽑혔기 때문이다. 학생들은 겉  모습이 아닌 후보들의 공약과 소신에 대해 올바른 한 표를 던졌다는 자부심이 가득했다. 지난 달 15일, 전교 어린이 회장에 당선된 조태민 군(13·6학년 4반). 그는 제대로 듣지도, 말하지도 못하는 장애를 안고 태어난 2급 청각 장애아다. 그러나 선거 운동 중 어느 후보도 그런 약점을 잡지 않았다. 후보는 5명이나 되었지만 눈살을 찌푸리게 하는 선거 운동은 전혀 없었다.

㉠ 요즘 초등학교 회장 선거는 어른들 정치 선거의 축소판이라고 한다. 피켓과 포스터 제작을 전문 회사에 맡기고 유세 원고도 대필해 주는 곳에 맡기는 것이 다반사다. 이런 실정을 잘 아는 태민 군의 어머니는 아들이 회장 선거에 출마하는 데 반대했다. 그러나 학급 아이들은 달랐다.

"힘들면 저희들이 도울 테니 그냥 하게 두세요. 우리가 뽑은 회장 후보를 왜 어른들이 바꾸려 하세요?"

라며 지지 의사를 굽히지 않았다.

선거 운동에 나선 태민 군은 피켓과 포스터도, 매끄러운 연설문도 없었다. 단지 학생들의 일꾼으로 열심히 일하겠다는 다짐을 담은 3분도 안 되는 짧은 연설문뿐이었다. 선거 공약은 '나보다 남을 먼저 배려하는 어린이가 되자'는 것. 짧지만 진솔한 그의 선거 공약은 모든 어린이들에게 신뢰를 심어 주었다.

반 아이들은 태민이가 어려움에 처한 친구를 돕는 일에 항상 앞장서 왔다며 평소에도 책임감이 강해 인기가 좋았다고 입을 모았다. 학급

친구 박순재 군은 태민이가 청각 장애아로 힘들고 불편한 점이 많을 텐데 오히려 학교와 친구들을 위해 봉사하겠다는 아름다운 마음을 가지고 있어 지지했다고 밝혔다.

1 ㉠의 뜻은 무엇일까요? 이 글에서 찾아 써 봅시다.

2 태민이는 청각 장애를 가지고 있습니다. 그런데 왜 학생들이 전교 어린이 회장으로 뽑았을까요?

3 다음은 반 아이들이 태민이에 대하여 이야기한 내용입니다. 다음을 읽고, 친구들이 전교 어린이 회장에 태민이가 적절하다고 평가한 까닭을 써 봅시다.

"태민이는 주변에서 어려운 일을 당한 친구를 잘 도와 주려고 노력하는 어린이에요. 또 자기가 맡은 일은 끝까지 성실하게 해요. 태민이는 책임감이 참 강한 것 같아요. 자신도 힘들고 불편한 점이 많을 텐데 다른 사람을 도우려는 마음을 가졌지요. 그래서 우리들은 태민이를 참 좋아해요."

나를 뽑아줘!

※ 여러분이 학급 임원 선거에 후보자가 되었다고 상상하여 봅시다. 내가 후보자라면 학급 친구들에게 어떤 공약을 내세울지 생각해 보고 연설문을 써 봅시다.

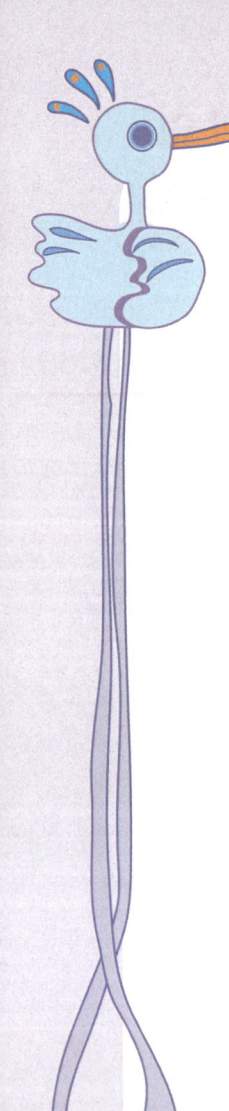

로그아웃

여러분이 학급에서 반장을 뽑는 것이나 전교 어린이 회장을 뽑는 것도 어른들이 하는 선거와 비슷하지요. 선거는 국민들이 자신의 뜻을 표시할 수 있는 정치 참여의 방법이랍니다. 그러므로 여러분이 학교에서 하는 선거는 어른이 되어 정치에 올바로 참여할 수 있는 방법을 배우는 것이겠지요.

우리들을 위해 열심히 일할 사람을 뽑는 것은 아주 중요하답니다. 그래야 우리 학교가 발전할 수 있고, 훌륭한 정치인을 뽑아야 나라가 발전할 수 있으니까요.

넷째 마디 | 경제

돈을 가져라!

여러분이 생각하기에 생활에 꼭 필요하고,
엄마가 좋아하며 우리 집에
꼭 있어야 하는 것은 무엇일까요?

생각 깨우기 | 깨고 날 가져가! 읽는 힘 담금질하기 | ●1 외상은 안 돼요 ●2 예담이의 벼룩시장 ●3 깎을수록 비싸지는 책값 생각을 내 것으로 | 돈보다 중요한 것

'경제'가 뭐예요?

아빠! '경제'라는 말이 무슨 말이에요?

경제라는 건 우리가 생활하는 데 필요한 물건을 만들고, 팔고, 사는 것의 흐름을 일컫는 말이란다. 예를 들면 공책을 공장에서 만들고, 공장에서 만든 공책을 문방구에서 민지가 사는 것을 경제 활동이라고 하는 것이지.

그럼, 경제가 어렵다는 말은 이런 활동이 제대로 이루어지지 않는다는 거예요?

그렇지. 사람들이 쓸 수 있는 물건은 적은데 그 물건을 사용하려는 사람들이 많으면 어떻게 되겠니. 물건 값이 비싸게 오르겠지? 이렇게 물건을 사고파는 일이 원활하게 이루어지지 않는 것을 말하는 것이란다.

이것만은 꼭!

1. '돈'이란 무엇인가요?

금속이나 종이로 만들어져 필요한 물건의 값을 지불할 수 있는 것을 말합니다. 사람들은 돈으로 자신이 필요한 물건의 값을 치르기도 하지만 은행에 저금을 하기도 합니다.

지금은 금속과 종이로 만든 동전과 지폐가 사용되고 있지만 옛날에는 조개나 돌을 돈으로 사용했습니다. 그러나 요즘에는 동전과 지폐 외에 신용 카드가 쓰이고 있습니다. 신용 카드를 사용하면 물건을 사고 판 기록이 정확히 남아 세금을 걷기가 쉬워지는 장점이 있습니다.

2. 시장은 어떻게 생겼을까요?

생활에 필요한 모든 물건을 사람이 스스로 만들어 쓸 수 없습니다. 그래서 사람들은 자신이 생산하고 만든 물건을 다른 사람과 바꾸어 썼습니다. 이것을 물물 교환이라고 합니다. 물물 교환을 하기 위해서는 자신이 필요한 물건이 알맞은 시간과 장소에 꼭 있어야 하는데 쉬운 일이 아니었습니다. 그래서 사람들은 이런 불편함을 없애기 위해 날짜를 정해 물건을 사고 팔기 시작했답니다. 이것이 최초의 시장이지요.

3. '돈'으로 모든 것을 해결할 수 있을까요?

돈은 물건의 값을 쉽게 치를 수 있어 우리의 생활을 간편하고 편리하게 해 주는 역할을 합니다. 돈은 이렇게 생활의 편리함을 위해 만들어진 것입니다. 그런데 최근에는 돈 때문에 사람들을 해치는 일이 자주 발생하여 심각한 사회 문제가 되고 있습니다. 이런 일이 일어나는 까닭은 사람들이 돈으로 모든 것을 해결할 수 있다고 생각하기 때문이지요. 혹시 여러분도 그렇게 생각하고 있지는 않나요?

깨고 날 가져가!

※ 다음 그림을 보고, 질문에 답해 봅시다.

 TEXT GUIDE
- 광고 읽기
- 돈을 좇는 사람의 심리를 자극시키는 상품 광고
- 출처 : 3M 광고

내 돈이라면 좋겠다.

㉠

1 이 사진은 유리 광고입니다. 유리 광고인데 왜 유리 속에 돈을 넣어 두었을까요?

2 유리통 속에는 많은 돈이 들어 있어요. 이 돈을 꺼낼 수 있는 방법을 곰곰이 생각해서 써 봅시다.

3 ㉠에 들어갈 광고 문구는 무엇인지 써 봅시다.

01 외상은 안 돼요

※ 다음 글을 읽고, 질문에 답해 봅시다.

TEXT GUIDE

가
- 신문 기사 읽기
- 초등학생의 외상 거래의 문제점
- 출처 : 어린이 동아, 「외상은 안 돼요」

나
- 생활문 읽기
- 신용 카드 사용의 문제점

가   ㉠

　며칠 전 초등학교 3학년인 딸아이가 학교 앞 문구점에 외상값을 갚아야 한다며 300원을 달라고 했다. 아침에 준비물을 안 가져간 아이는 준비물을 사는데 200원밖에 없어서 300원을 외상으로 달아 놓았다고 했다. 돈이 모자라면 사지 말았어야 한다고 꾸중했더니, 준비를 못해 가면 청소를 해야 하고 다른 아이들도 모두 외상을 한다며 오히려 당당했다.

　'오늘 안 가져가면 집으로 전화가 온다'는 아이의 말에 돈을 주긴 했지만, 아이가 너무도 자연스럽게 '외상'이란 말을 하는 데는 놀라지 않을 수 없었다. 각 문구점마다 장부책을 두고 초등학생들에게 외상을 준다고 하니 씁쓸했다. 더구나 그 돈을 갚지 않으면 집으로 재촉 전화를 한다니 갑자기 그런 전화를 받는 부모들은 또 얼마나 놀랄까.

　신용 불량자 문제가 심각한 요즘, 우리 아이들까지 외상을 생활화하게끔 어른들이 조장하고 있는 것은 아닐까.

나　일요일 오후 민지는 아빠, 엄마와 함께 시내에 있는 백화점으로 쇼핑을 갔습니다. 아빠의 와이셔츠와 민지의 원피스를 고르신 엄마는 신용 카드로 옷값을 계산했습니다.

　"엄마! 돈이 없어도 옷을 살 수 있네요?"

　민지는 신기해서 물어보았습니다.

　"신용 카드로 하면 지금 당장 돈이 없어도 물건 값을 내거나 음식을 먹고 계산을 할 수 있단다."

　민지의 말에 아빠가 말씀하셨습니다.

　㉡"우아! 그럼 아빠, 신용 카드가 정말 좋은 거네요. 그렇다면 저도 신용 카드 하나 만들어 주세요. 학원 갔다가 배고플 때 친구들하고 맛있는 햄버거 사 먹게요."

낱/말/풀/이
- **외상** : 값은 나중에 치르기로 하고 물건을 사고파는 일.
- **장부책** : 수입과 지출을 기록해 둔 공책.
- **조장** : 일부러 어떠한 경향이 더 심하여 지도록 북돋움.
- **신용 카드** : 물품을 구입하거나 서비스를 이용한 뒤 일정 기간이 지난 뒤 대금을 결제할 수 있는 카드.

1 [가] 글을 읽고, ㉠에 들어갈 제목을 붙여 봅시다.

2 [가] 글을 쓴 사람은 무엇을 걱정하고 있는 것일까요?

3 여러분도 ㉡과 같은 생각을 해 본 적이 있나요? 신용 카드를 사용하면 좋은 점과 나쁜 점에 대해 써 봅시다.

• 신용 카드를 사용하면 좋은 점

• 신용 카드를 사용하면 나쁜 점

4 여러분도 외상 거래를 해 본 경험이 있나요? 자신의 경험을 이야기해 보세요.

02 예담이의 벼룩시장

※ 다음 글을 읽고, 질문에 답해 봅시다.

TEXT GUIDE
- 생활 동화 읽기
- 출전 : 김선희, 『예담이는 12살에 1,000만 원을 모았어요』(명진출판)
- 벼룩시장을 통해 예담이가 깨닫게 된 것은 무엇인지 생각해 보기

예담이는 도화지에 예쁜 글씨를 썼다. 방 안에 물건들을 가득 꺼내 놓고 가격표를 써서 붙였다.

아빠 낚싯대 한 개에 오천 원, 엄마 구두 삼천 원, 예담이 작은 옷 무조건 천 원, 디지몬 딱지 한 상자에 천 원, 영화 포스터 한 장에 백 원.

물건마다 가격을 정하는 게 어려웠다. 하지만 계속 가격표를 붙이다 보니 나름대로 요령이 생겼다.

㉠

드디어 모든 준비가 끝났다. 예담이는 아빠한테 짐을 큰길까지 실어다 달라고 부탁했다.

"운임료로 삼천 원 드릴게요."

아빠는 예담이의 짐을 큰길까지 실어다 주기로 했다. 아빠와 엄마는 재미있는 영화를 볼 때처럼 예담이를 힐끔힐끔 보며 웃었다.

… 중략 …

어느 새 아빠와 약속한 시간이 다가오고 있었다. 하지만 한 개도 팔지 못했다. 대실패. 예담이는 다리 사이에 얼굴을 묻고 앉아 있었다. 세상이 온통 깜깜했다.

"아가야. 이거 얼마냐?"

바로 그 때 할머니 목소리가 들려 왔다. 예담이는 고개를 번쩍 쳐들었다. 할머니 한 분이 쪼그리고 앉아서 신발을 들고 보고 계셨다.

예담이는 재빨리 무릎을 꿇고 앉아서 말했다.

"할머니 그게 제가 딱 한 달 신은 건데요, 이만 원 주고 샀거든요. 제가 발이 빨리 커져서 못 신게 된 거예요. 엄마가 깨끗하게 빨아서 아주 깨끗하잖아요. 이런 거 상가에 가면 지금도 이만 원 주고 사셔야 해요. 딱 한 달 신은 거라서 바닥도 멀쩡하고요."

낱/말/풀/이
- **요령** : 적당히 꾀를 부려 하는 짓.
- **운임료** : 물건을 운송할 때 지불하는 값.
- **실패** : 뜻을 이루지 못함.
- **치밀다** : 위로 힘차게 솟아 오르다.

예담이의 입에서는 ⓒ녹음기를 틀어 놓은 것처럼 말이 줄줄 나왔다.
할머니는 예담이 얼굴을 빤히 보시더니 빙그레 웃으며 말씀하셨다.
"그러니까 얼마냐고?"
예담이가 멋쩍게 웃으며 대답했다.
"원래는 삼천 원 받아야 하는데요, 지금 다 끝나 가니까 이천 원만 주세요."
할머니는 신발을 내려놓고 이번에는 인형을 집어 들었다.
"아, 그 인형요? 산 지는 좀 오래 됐는데 여자 아이들이 참 좋아하는 미미 인형이거든요. 제가 잘 갖고 놀아서 아직도 새 것 같죠? 그거 사시면 웨딩드레스 한 개 공짜로 드릴게요. 그건 천 원 받으려고 했는데 오백 원만 주세요."
할머니는 이번에도 인형을 내려놓고 다른 물건들을 이것저것 훑어 보셨다. 예담이는 실망했지만 친절하게 설명했다. 할머니는 주로 가격을 물어 보셨고, 물건은 찬찬히 뜯어 보셨다.
그렇게 몇 개의 물건을 보신 할머니가 빈손으로 일어났다. 예담이는 온몸에서 기운이 쫙 빠져 나가는 것 같았다.

"그냥…… 가시게요?"
실망스러운 얼굴로 서 있는 예담이에게 할머니가 내던진 한 마디!
"아가. 이거 몽땅 얼마냐?"
"예?"
예담이는 자기 귀를 의심했다. 할머니는 한쪽에 골라 놓은 물건을 가리키며 계산해 달라고 하셨다. 예담이는 떨리는 마음으로 할머니가 골라 놓은 물건을 봉지에 담기 시작했다.
"인형 오백 원, 신발 이천 원, 옷 한 개에 천 원씩 두 개니까 이천 원, 가방 이천 원, 핀 한 개에 백 원이니까 세 개에 삼백 원. 다 합쳐서 육천팔백 원이네요 할머니."
할머니는 천 원짜리 7장을 주셨다. 예담이는 이백 원을 거슬러 드렸다. 예담이는 몇 번이나 허리 숙여 인사했다. 할머니가 빙긋 웃으며 말

씀하셨다.

"어린 것이 참 기특하구만. 다음에 또 나올 거지?"

너무 기쁜 나머지 예담이는 생각지도 못했던 말을 하고 말았다.

"그럼요. 이제부터 일요일마다 나올 거예요. 그 때도 많이 팔아 주세요."

예담이는 할머니 등 뒤에 대고 몇 번이나 인사했다.

1 이 글로 보아 예담이의 성격은 어떠합니까? ( )

① 화를 많이 낸다.
② 겁이 많고 약하다.
③ 명랑하지만 겁이 많다.
④ 적극적이고 의지가 강하다.
⑤ 부모님께 의지를 많이 한다.

2 예담이는 물건에 가격표를 붙이기 시작했어요. 예담이가 가격을 잘 매길 수 있도록 여러분이 기준을 정해 ㉠을 채워 봅시다.

3 ㉡ '녹음기를 틀어 놓은 것처럼 말이 줄줄 나왔다' 는 무슨 뜻인가요?

4 예담이가 벼룩시장을 하고 난 뒤 깨닫게 된 것은 무엇일지 써 봅시다.

03 깎을수록 비싸지는 책값

읽는 힘 담금질하기

TEXT GUIDE
- 전기문 읽기
- 시간은 돈보다 소중함을 일깨워 주는 일화
- 벤자민 프랭클린 : 18세기 미국의 과학자이자 정치가

※ 다음 글을 읽고, 질문에 답해 봅시다.

"휴우, 다했다. 이제 책을 읽어야겠군."

책방 청소를 마친 프랭클린은 창가에 앉았습니다. 그러고는 책장을 펴고 행복한 책 읽기를 시작했습니다.

그 때였습니다. 말끔하게 차려입은 노신사가 책방 안으로 들어왔습니다.

그는 조용한 책방 안을 이리저리 돌아다니며 책을 골랐습니다. 고른 책을 들고 손님은 프랭클린에게 다가왔습니다.

"얼마죠?"

"책에 쓰여 있는 대로 1달러입니다."

손님은 책을 들고서 한참을 머뭇머뭇하더니 다시 물었습니다.

"저 혹시 책값을 깎아 줄 수는 없습니까?"

"좋습니다. 1달러 10센트 내십시오."

"네? 깎아 달랬더니 10센트를 더 달라니요!"

"알겠습니다, 손님. 1달러 20센트로 하죠."

그러자 손님은 얼굴이 붉으락푸르락해졌습니다. ㉠ 나중에는 화가 머리 끝까지 치밀었는지 책을 흔들며 외쳤습니다.

"이런! 지금 날 놀리는 거요?"

"놀리다니요, 손님. 그렇지 않습니다."

"아니, 그렇다면 왜 자꾸 책값을 올리는 거요? 어째서 깎아 달랬더니 더 비싸게 받는가 말이오!"

하지만 프랭클린은 전혀 당황하지 않고 웃으며 손님에게 말했습니다.

"손님, ㉡   "

손님은 입술을 꽉 다물고 프랭클린의 말을 듣고, 한참을 생각했습니다.

"하하하! 젊은이 말이 맞소. 이 책을

사겠소."

손님은 고개를 끄덕이며 시원하게 웃었습니다.

"이런 조그만 책방에서 시간의 소중함을 배우다니! 하하하."

손님은 고개를 끄덕이며 1달러 30센트에 책을 사 가며 즐겁게 웃었습니다.

1 손님이 ㉠과 같이 화가 난 까닭은 무엇인가요? 이 글에서 찾아 써 봅시다.

2 프랭클린은 손님에게 왜 책값을 올려 받은 것일까요? ㉡에 들어갈 말을 추리하여 써 봅시다.

3 이 글의 주제와 관련된 명언은 무엇인가요? ( )

① 시간은 곧 금이다.
② 10년이면 강산도 변한다.
③ 흐르는 세월은 막을 수 없다.
④ 즐거운 시간은 빨리 지나간다.
⑤ 세월은 사람을 기다리지 않는다.

돈보다 중요한 것

※ 여러분은 돈보다 무엇이 더 중요하다고 생각하나요? 까닭과 함께 써 봅시다. (300±50자)

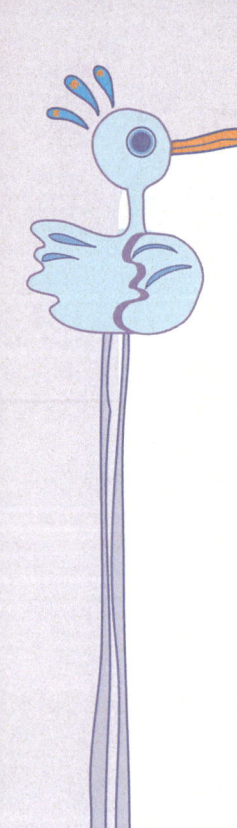

로그아웃

어린이들이 장난감을 싸게 사는 것, 엄마가 대형 마트에서 야채를 사는 것도 '경제'라고 할 수 있어요. 왜냐하면 적은 돈을 들여 원하는 물건을 사는 것, 같은 돈으로 남보다 더 큰 가치를 얻는 것을 원칙으로 하니까요. 우리가 쓰는 물건들이 어떤 과정을 통해 만들어져 우리의 손에 들어오고, 물건 값이 어떻게 정해지는지 또 물건 값이 왜 오르고 내리는지 알게 되면 점점 경제의 흐름을 읽을 수 있게 될 것입니다.

논술 테스트 02

신용 사회를 만들어요!

– 신용 카드 사용의 장단점에 대해 생각하기 –

신용 카드가 너무 많아요.

백화점 카드, 주유소 카드, 교통 카드
무슨 카드의 종류가 이렇게 많은지…….
신용 카드를 사용하면 당장은 편리하겠지만 생각 없이 신용 카드를 많이 쓰면 어떻게 될까요?

〈신용〉과 관련된 경제 문제는 〈2003년 단국 대학교〉 논술 기출 문제 등 많은 대학에서 출제하고 있는 문제입니다.

논술 테스트
신용 사회를 만들어요!

TEXT GUIDE

가
- 만화 읽기
- 친구와 약속을 지켜야 하는 중요성

나
- 일화 읽기
- 약속의 중요성
- 증자(曾子·기원 전 506~436년)는 효와 신(信)을 덕행의 근본으로 삼은 중국 춘추 시대의 유학자이다.

가 의 만화에서 주민이의 잘못된 행동이 무엇인지 찾아보고, **나** 를 바탕으로 주민이에게 약속의 중요성을 알려 주는 글을 써 봅시다.

(500±100자)

가

나 다음 이야기는 중국의 유학자 '증자'에 관한 일화입니다.

하루는 증자의 부인이 장을 보려고 집을 나섰습니다. 그러자 어린 아들이 자신도 따라가겠다고 울며 떼를 썼습니다. 증자의 부인은 우는 아이를 달래려고 말했습니다.

"얘야, 엄마가 시장에 금방 다녀와서 돼지를 잡아 맛있는 반찬을 해 줄 테니 집에서 아버지와 놀고 있어라."

아들은 돼지 고기로 반찬을 만들어 준다는 엄마의 말에 울음을 그쳤고, 증자는 옆에서 묵묵히 아내의 말을 듣고 있었습니다.

얼마 후 아내가 장을 다 보고, 집으로 돌아오니 남편이 마당에서 돼지를 잡으려 하고 있었습니다. 돼지를 잡으려는 남편의 모습을 보고 놀란 아내는 왜 돼지를 잡느냐고 다그쳤다. 아내의 말에 증자는 이렇게 말했습니다.

친구에게 돈을 빌렸으면 빨리 갚아야지!

"당신이 아이에게 돼지를 잡아 반찬을 만들어 주기로 약속했으니 잡아야 하는 것 아니오?"

"여보, 그건 내가 아이를 달래려고 그냥 해 본 소리인데 진짜로 돼지를 잡으면 어떻게 해요. 우리 집 전 재산인데……."

라고 말하며 남편을 말렸습니다. 그러자 증자는 화를 내며 말했습니다.

"그럼 아이에게 거짓말을 한 것이오? 아이는 부모가 하는 대로 따라 배우는 법인데, 약속을 지키지 않으면 아이가 뭘 배우겠소."

증자는 그 날 저녁 돼지를 잡아 맛있는 반찬을 만들어 먹었습니다.

약속은 약속이에요!

차근차근~ 생각을 정리해 보자!

답안을 쓰기 전에, 생각부터 정리하고, 의문을 던져 보세요~!

1. **가** 에서 인성이에게 빌린 돈을 나중에 갚겠다는 주민이의 태도를 어떻게 생각하나요?

2. 인성이는 주민이가 다음에 돈을 빌려 달라고 할 때 또 다시 빌려 줄까요?

3. **나** 에서 증자가 돼지를 잡으려고 한 까닭은 무엇인가요?

이렇게 써요

무엇을 써야 하지?

주어진 논제는 다음과 같은 내용을 요구하고 있습니다.

① 가 의 만화에서 주민이의 잘못된 행동이 무엇인지 찾아보고,
② 나 를 바탕으로 주민이에게 신용의 중요성을 알려 주는 글을 써 봅시다.

가 의 만화에서 주민이의 잘못된 행동을 지적하고, 나 를 바탕으로 신용이 중요한 까닭을 논술해야 합니다.

어떻게 써야 하지?

1) 제시문의 내용을 정확하게 파악할 것!

가 의 만화에서 인성이에게 준비물 살 돈을 빌린 주민이는 약속한 날짜가 지나도 인성이에게 돈을 갚지 않습니다. 주민이의 이러한 태도가 반복된다면 어떻게 될까요?

나 에서 아이의 어머니는 우는 아이를 달래기 위해 돼지를 잡아 반찬을 해 준다며 거짓 약속을 합니다. 이를 본 아버지는 자식이 부모에게 무엇을 배우겠냐며 호통을 치고, 어머니가 아이와 한 약속을 행동으로 옮깁니다.

2) 가 에서 주민이의 잘못된 행동을 지적하고, 약속을 지키는 것이 왜 중요한지 나 를 바탕으로 생각해 볼 것!

만약 여러분이 인성이라면 다음에 주민이가 돈을 빌려 달라고 하면 돈을 빌려 주고 싶을까요?

돈을 빌리고 약속한 날짜에 갚지 못하면 약속을 지키지 않는 믿을 수 없는 사람이 됩니다. 이런 사람을 '신용이 없는 사람'이라고 말합니다. 글 나 에서 아이가 자신의 울음을 달래기 위해 어머니가 거짓말을 했다는 것을 알게 되었다면 그 기분은 어떨까요? 그리고 아이는 어머니가 거짓말하는 것을 보고 배울지도 모릅니다.

이러한 문제점을 찾아 논술해 봅시다.

발상 및 구상

이름 :　　　　　　　　　　　　　학교　　　학년　　　반

다섯째 마디 | 과학

편하니까 좋아?

전화도 이메일도 없었던 시절,
우체통은 소식을 전할 수 있는 유용한 수단이었습니다.
그러나 지금은 이 우체통을 없애려고 합니다.
그 까닭은 무엇일까요?

생각 깨우기 | 무엇과 무엇이 합쳐진 것일까요? 읽는 힘 담금질하기 | ①1 종이의 발명 ②2 인간을 위한 화학 비료 ③3 손가락 하나로 움직이기 생각을 내 것으로 | 내 맘대로 조절해요

 로그인

무조건 좋다?

효민아, 너 그거 알아? 핵무기를 발견한 아인슈타인이 핵무기 사용 반대운동을 했다는 것 말이야.

그래? 몰랐는데…… 왜 자기가 만들어 놓고 반대했지?

왜냐하면 아인슈타인도 핵무기를 만들 때 인간에게 많은 위협과 피해를 줄지 몰랐거든.

 **'과학'은 무엇인가요?**

과학이란 말은 '어떤 사물을 안다'라는 희랍어에서 시작된 말로 이제까지 아무도 증명하지 못한 일을 증명하여 모든 사람이 인정할 수 있는 지식으로 표현하는 것입니다. 과학은 지금까지 발전해 왔고 앞으로 펼쳐질 미래에도 끝없이 발전할 것입니다.

 **과학의 발전으로 인간의 생활이 편리해졌어요.**

과학의 발전으로 인해 인간의 생활은 편리해졌습니다. 먼 거리는 자동차를 이용하여 움직일 수 있게 되었고, 먼 곳에 사는 친척들과도 휴대 전화나 화상 통신 전화를 이용하여 서로의 얼굴을 보고 안부를 확인할 수 있게 되었으니까요.
그러나 과학의 발전으로 인간의 생활이 편리해진 장점을 생각하기 전에 과학의 발전으로 인해 우리가 잃고 있는 것은 없는지 생각해 봅니다.

생각 깨우기

무엇과 무엇이 합쳐진 것일까요?

※ 다음 그림을 보고, 질문에 답해 봅시다.

TEXT GUIDE
- 광고 읽기
- 각기 다른 물건의 장점을 응용하여 편리한 물건을 만들어 사용할 수 있다.

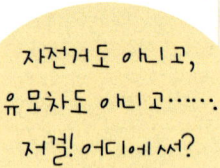
자전거도 아니고, 유모차도 아니고……. 저걸! 어디에 써?

1 이 사진 속의 물건은 어떤 용도로 쓰이는 것인지 상상하여 써 봅시다.

2 사진 속의 물건과 또 다른 물건의 장점을 응용하여 새로운 물건을 만들려고 합니다. 어떤 물건을 응용하여 만들지 그림으로 그려 보고, 특징을 써 봅시다.

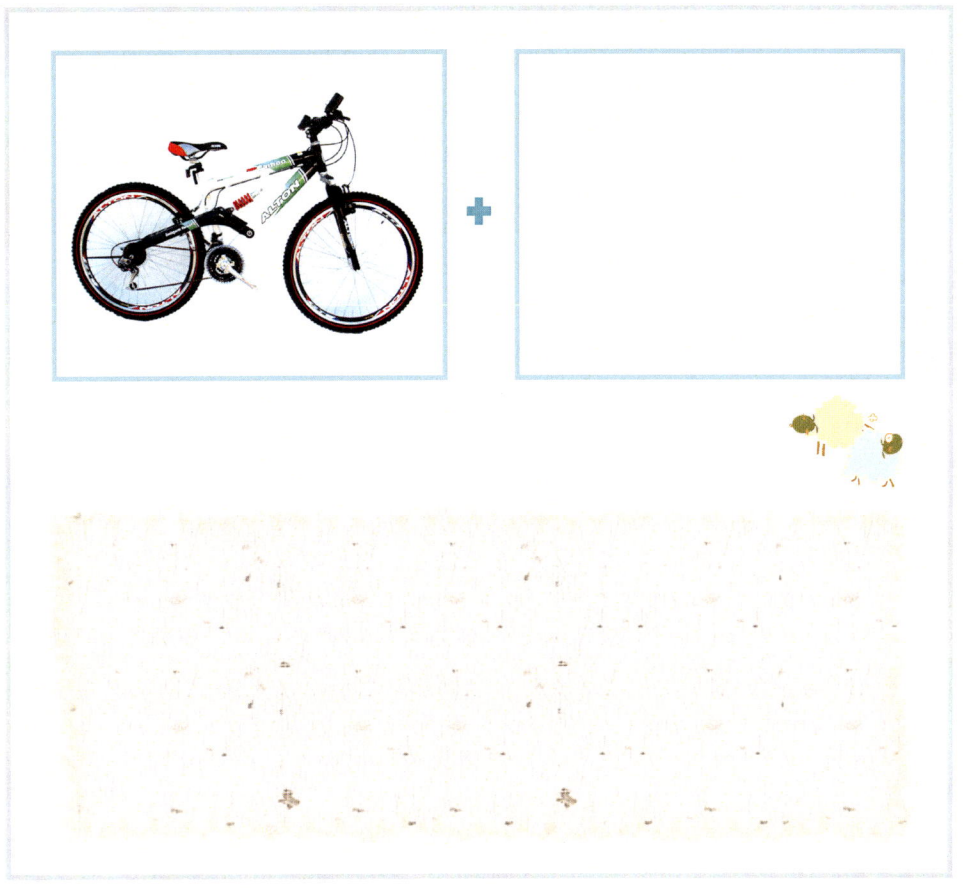

3 우리 주변에서 이와 같이 각기 다른 물건들의 장점을 활용하여 만든 물건을 찾아보고, 그 물건이 어떤 점이 좋은지 써 봅시다.

01 종이의 발명

※ 다음 글을 읽고, 질문에 답해 봅시다.

TEXT GUIDE

가
- 설명문 읽기
- 채륜의 종이 발명으로 기록 문화가 어떻게 발전했는지 알 수 있다.

나
- 신문 기사 읽기
- 낸드 플래시 메모리 반도체 개발로 초래될 미래의 기록 문화를 상상해 볼 수 있다.
- 출처 : 중앙 일보

가 서기 105년, 중국 후한 시대의 채륜이 종이를 발명했다. 채륜은 궁중에서 수공품을 다루는 일을 하고 있었다. 당시 궁중에서는 손쉽게 기록을 남길 재료를 찾기 위해 오랜 세월 동안 연구를 거듭하고 있었다. 채륜은 이러한 연구를 바탕으로 마침내 종이를 발명했다. 나무의 축축한 속껍질, 비단이나 마직물의 조각, 헌 어망 등을 물에 넣은 것이다.

"어, 이것 봐라! 먹물을 쏙쏙 잘 빨아들이네."

종이가 발명되기 전에는 돌, 비단, 나무껍질, 동물의 가죽 등에 문자를 기록했는데 먹물과 물감으로 잘 써지지 않아 불편했다. 또한 부피가 커서 보관하기도 힘들고 비쌌다. 그러나 채륜이 만든 종이는 먹물과 물감을 잘 빨아들였고, 얇고 가벼워서 보관하거나 운반하기도 무척 편했다.

물론 최초의 종이는 색이 쉽게 바래고 벌레가 슬기도 했다. 하지만 '쉽고 편리하게 기록을 남길 수 있다'는 장점에 비하면 이런 단점은 아주 사소한 것이었다.

종이의 발명과 함께 '기록 문화'도 점점 발전했다. 종이에다 글을 써서 둘둘 말아 보관하던 사람들도 8~9세기에 접어들자 새로운 형태로 기록을 남기기 시작했다.

"그래, 종이를 끈으로 엮으면 되겠다!"

당시 당나라 시인들은 자신의 시나 글을 쓴 종이를 여러 장 합쳐서 '책'으로 만들어 냈다. 이렇게 만들어 놓고 보니 책이란 게 여간 편리하지 않았다. 책은 언제든 쉽게 펴 볼 수 있고 오랫동안 깨끗하게 보관할 수 있었다. 그래서 새로운 지식을 쉽게 생각하여 저장하기도 하고, 다른 사람의 생각을 쉽게 배울 수 있게 되었다.

낱/말/풀/이
- 어망 : 물고기를 잡는 그물.
- 기록 : (어떤 사실을) 남기려고 적는 글.
- 인쇄술 : 판에 글자를 새겨 종이에 찍어내는 일.
- 제지술 : 종이를 만드는 기술.
- 수요 : 살 수 있는 능력을 가진 사람이 상품에 대하여 사고 싶은 마음.

이 때부터 본격적으로 책이 만들어졌고, 인쇄술과 제지술이 더욱 발달하게 되었다.

　　1800년대 유럽에서는 산업 혁명이 일어나고 근대적인 시민 사회가 형성되었다. 그와 더불어 신문과 서적, 잡지의 발행 부수가 급격히 늘어났고 이에 따라 종이의 수요도 크게 늘었다. 그 때까지 종이의 원료로 이용되던 삼이나 목화 등으로는 도저히 원료를 댈 수가 없었다.

　　수많은 인쇄 업자가 이 문제를 고민했고, 마침내 1800년대 중반에 나무를 이용하여 종이를 대량으로 만드는 기술을 개발한 것이다.

나　삼성전자가 이번에 개발한 16기가 낸드 플래시 메모리 반도체는 캠코더와 디지털 카메라, MP3 등에 저장 장치로 사용된다.

　　이 칩 두개를 합하면 32시간 분량의 DVD급 영화 20편 또는 8천 곡의 음악 MP3 파일, 신문 이백 년치를 저장할 수 있다.

　　크기가 매우 작고 전원이 없는 상태에서도 데이터를 계속 저장할 수 있는 특징이 있으며 이에 따라 전력 소모가 낮고, 저장할 수 있는 용량은 높다.

　　낸드 플래시 메모리 반도체가 이처럼 폭넓게 쓰이는 것과 관련해 황창규 삼성 전자 반도체 총괄 사장은 '채륜이 발명한 종이가 주로 문자의 전달을 담당했다면 19세기에 발명된 사진과 레코드는 정지 화상과 음악을, 지난 75년 선보인 비디오 테이프는 동영상의 전달을 담당했다'며 "지금은 플래시 메모리라는 저장 매체가 문자와 사진, 음악, 동영상 등 다양한 컨텐츠를 어디로든 자유롭게 보내는 제2의 종이 혁명, 즉 디지털 페이퍼 시대"라고 말했다. 결국 필름과 테이프, 하드 디스크 등 휴대가 가능한 모든 저장 매체가 낸드 플래시 메모리로 완전히 대체된다는 것이다.

1 종이가 개발되기 전 사람들은 어떤 것을 이용하여 문자를 기록했나요? 가 글에서 찾아 써 봅시다.

2 가 채륜의 '종이' 발명으로 사람들의 생활은 어떻게 달라졌나요? 전과 후를 비교해서 써 봅시다.

종이를 발명하기 전	종이를 발명한 후

3 나 의 글에서 낸드 플래시 메모리 반도체를 '제2의 종이 혁명'이라고 하는 까닭은 무엇인가요?

2 인간을 위한 화학 비료

읽는 힘 담금질하기

TEXT GUIDE
- 설명문 읽기
- 화학 비료가 개발된 까닭과 인간 생활에 미치는 영향에 대해 알 수 있다.
- 출처 : 김기명, 『끊임없이 파고든 실험 관찰 이야기』(산하)

※ 다음 글을 읽고, 질문에 답해 봅시다.

과학과 의술의 발달로 인해 세계의 인구는 19세기를 전후로 폭발적으로 늘어났다. 그러나 농지의 규모는 갈수록 줄어들고, 농작물의 수확량은 인구의 증가율을 따라잡지 못하는 상황에 이르렀다. 이에 몇몇 화학자들은 한정된 토지에서 수확을 많이 거둘 수 있는 방법을 고민하기 시작했다.

화학 비료를 만드는 기초는 1840년 독일의 화학자 리비히가 제공했다. 리비히는 '왜 어떤 땅에서 식물이 잘 자라고 어떤 땅에서는 잘 자라지 않을까?' 하는 의문을 품고 그 해답을 밝히기 위해 흙에 대해 연구하기 시작했다. 그 결과 그는 식물이 잘 자라려면 흙에 질소와 인산, 칼륨이 충분히 녹아 있어야 한다는 사실을 밝혀냈다. 그리고 뼛가루에 황산을 작용시켜 '수용성 인산(물에 녹는 인산)'을 만든 뒤 농작물을 심을 흙에 뿌려 보았다. 결과는 대성공이었다. 인산을 뿌린 흙에서 농작물이 훨씬 크고 튼튼하게 자란 것이다.

리비히의 이 연구를 바탕으로 여러 화학자들이 화학 비료를 개발하기 위해 노력했고, 마침내 1843년 로이스와 길버트가 최초의 화학 비료를 제조했고, 그 다음 '질소 비료'와 '칼륨 비료'가 개발되어 농가에 보급되었다.

화학 비료의 보급에 따라 농작물의 수확량은 급격히 늘었다. 물에 잘 녹아 뿌리기만 하면 단번에 식물의 뿌리로 흡수되어 효과가 크게 나타났다. ㉠ 화학 비료 덕분에 농촌에서는 냄새 나는 두엄 더미가 차츰 자취를 감추게 되었다.

낱/말/풀/이
- **의술** : 병을 고치는 기술.
- **수확량** : 농작물을 거두어들인 양.
- **보급** : 널리 펴서 알리거나 사용하게 함.
- **자취** : 남아 있는 흔적.

1 사람들이 화학 비료를 사용하게 된 까닭을 찾아 써 봅시다.

2 ㉠과 같이 두엄 더미가 차츰 사라진 까닭은 무엇인지 써 봅시다.

3 화학 비료를 사용한 뒤 어떤 결과가 발생했나요? 아래 글을 참고하여 써 봅시다.

> 토양의 산성화가 날이 갈수록 심해져 가고 있다. 그 원인 중의 하나가 화학 비료를 많이 사용했기 때문이다.
> 토양은 원래 중성으로 유지되어야 하는데 화학 비료의 살포와 공업화에 따른 산성비의 영향으로 토양이 심하게 산성화되다 보니 거기에 뿌리를 내리고 수분과 양분을 흡수하는 식물도 따라서 산성 식품이 되고, 그러한 식물을 매일같이 섭취하는 동물이나 사람도 산성화되어 가고 있다.
> 토양과 식물, 인체가 산성화되면 어떤 문제가 생길까? 자연계에 있는 각종 균들 중에서 병원균들은 대부분이 산성 속에서 잘 번식하는 성질을 가지고 있기 때문에 토양이나 작물, 체질이 산성화가 되면 각종 질병이 끊임없이 발생될 수 있다.

03 손가락 하나로 움직이기

※ 다음 글을 읽고, 질문에 답해 봅시다.

TEXT GUIDE

가
- 만화 읽기
- 네트워크로 연계된 미래 사회의 모습

나
- 가상 이야기 읽기
- 눈부신 과학의 발달로 달라진 인간 생활의 모습

가

나 2006년 어느 날, 회사에서 돌아온 갑돌 씨는 부엌으로 가서 큰 소리로 무엇을 먹으면 좋을지 컴퓨터에게 묻는다. 부엌의 컴퓨터는 지난 몇 주 동안의 기록을 바탕으로 갑돌 씨가 좋아하는 몇몇 식품의 재고를 알아본 뒤 서너 종류의 요리를 제안한다. 가령 삼계탕을 주문하면 요리 소프트웨어는 재료를 골라 음식을 만든다. 그 동안 갑돌 씨는 비디오 메시지가 들어왔는지 물어 본다. 곧 거실 저쪽 벽에 스크린이

나타난다. 갑돌 씨가 스크린의 메시지를 살피는 동안 부엌에서는 삼계탕이 다 되었다는 신호가 온다.

　이처럼 컴퓨터를 부엌이나 벽 등 우리 주변의 곳곳에 설치하는 기술은 말 그대로 컴퓨터가 어디에나 퍼져 있다는 뜻에서 '유비쿼터스 컴퓨팅'이라고 한다. '유비쿼터스'란 물이나 공기처럼 시간과 공간을 초월해 '언제 어디에나 존재한다'는 뜻의 라틴어이다. … 중략 …

　유비쿼터스 컴퓨팅의 세계에서는 주변의 모든 물건이 지능을 갖게 된다. 영리한 물건들은 스스로 생각하고 사람의 도움 없이도 임무를 수행한다. 이를테면 돼지고기에 숨겨둔 컴퓨터 태그는 오븐 안에서 스스로 온도를 조절해 고기가 알맞게 익도록 한다. 피하 주사 바늘은 환자 손목에 달린 태그로부터 신원을 확인하여 만약 알레르기가 있다면 바늘 끝을 붉게 물들여 의사에게 알려 준다.

1　가 와 같은 일이 현실 속에서 가능하다면 좋은 점은 무엇인지 써 봅시다.

2　'유비쿼터스'란 무엇인지 나 글에서 찾아 써 봅시다.

※ 유비쿼터스가 실제 생활 속에서 가능하다면 여러분은 어떤 것을 실행하고 싶은지 한 가지 예를 들어 설명해 써 봅시다. (300±50자)

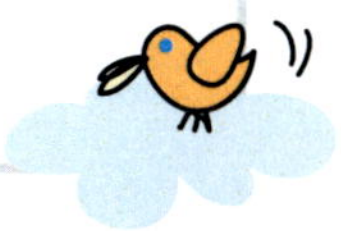

로그아웃

구름은 왜 떨어지지 않는 것일까?

우리가 매일 보는 구름은 하늘 높이 떠 있습니다. 깃털처럼 가벼운 것도 위에서 아래로 떨어지는데 구름은 어떻게 떠 있을 수 있을까요?

구름은 아주 작은, 무수히 많은 물방울로 이루어져 있어요.

구름 속의 물방울은 눈으로 볼 수도 없을 정도로 너무나 작아요.

모든 다른 것과 마찬가지로 물방울도 지구로 떨어지게 되어 있어요.

왜냐하면 중력이라는 힘이 물방울에도 작용하기 때문이지요.

구름 속의 물방울들끼리 서로 부딪혀 큰 물방울이 작은 물방울들과 합쳐져서 점점 커지면 떨어져서 비가 됩니다.

그리고 밑에서 위로 부는 공기의 흐름이 구름이 떨어지지 못하게 하는 또 하나의 원인이에요.

자연에 대해 호기심을 가지고 관찰을 하고 의문을 가질 때 여러분도 아인슈타인과 같은 과학자가 될 수 있을 거예요.

여섯째 마디 | 환경

우린 모두 소중해요

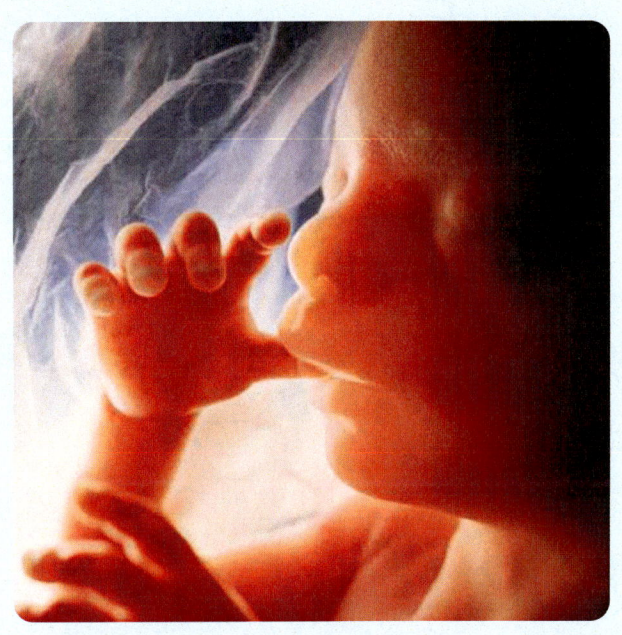

생명을 가진 모든 존재는 소중합니다.
당신이 소중하듯이…….

생각 깨우기 | 나는 누구일까? 읽는 힘 담금질하기 | ❶ 날 내버려 둬! ❷ 생명을 소중하게 생각해요 생각을 내 것으로 | 몸집이 작아도 생명은 소중해!

강아지가 불쌍해

엄마! 오늘 집에 오는 길에 6학년 오빠들이 개에게 돌을 던지며 괴롭히는 모습을 보았어요.

저런, 왜 불쌍한 개를 괴롭히고 그러지? 나쁜 아이들이구나.

학교 앞에 매일 오는 개인데요, 털이 자라서 눈을 다 가리고 있고, 하얀색 털은 까맣게 변해서 지저분해 보여요. 그래서 그런지 아이들이 괴롭히는 모습을 많이 보았어요.

버려진 개인가 보구나. 요즘 애완견들을 많이 버린다고 하던데……. 그래도 다음에 또 다시 그 개를 괴롭히면 네가 가서 데리고 오렴. 작은 생명도 소중하게 여겨야 해.

이것만은 꼭!

생명이란?
살아 있기 위한 힘의 바탕이 되는 것을 말해요. 몸집이 작은 개미에게도, 만물의 영장이라는 인간에게도 그리고 바람에 흔들리는 나뭇잎에도 생명은 있답니다.

생명은 누구에게나 소중해요!
몸집이 작다고, 또는 사람이 아니라고 해서 생명이 소중하지 않은 것은 아니에요. 그렇지만 사람들은 간혹 이 세상에서 인간이 최고인 줄 알고 모든 것을 인간의 마음대로 하려고 할 때가 있어요. 그래서 자연을 인간이 편리한 대로 이용하기도 하고, 작은 생명체를 하찮게 생각하여 괴롭히기도 하지요.
사자성어 중에 '역지사지(易地思之)'라는 말이 있어요. 이 말의 뜻은 입장을 바꿔 생각해 보자는 뜻을 가지고 있어요. 자연은 인간이 소유할 수 있는 물건이 아니에요. 인간도 자연의 한 부분에 속해 어울려 살아가야 하는 것이지요.

: 생각 깨우기

나는 누구일까?

※ 다음 사진들을 보고, 질문에 답해 봅시다.

 TEXT GUIDE
- 사진 보기
- 어린 생명체들이 자라면 무엇이 될지 생각하기

가

나

다

나는 커서 뭐가 될까?

1 **가**는 병아리, **나**는 애벌레, **다**는 새싹 사진입니다. 사진 속에 있는 어린 생명체들이 자라면 무엇이 될지 써 봅시다.

   ....

   ....

2 **가**~**다**의 것들이 건강하게 자라기 위해 필요한 것을 〈보기〉에서 찾아 써 봅시다.

   〈보기〉

   물, 피자, 미움, 괴롭힘, 관심, 쫄쫄이, 돈, 시간, 아폴로, 햇빛, 건전지, 나뭇잎, 고기, 아이스크림, 좁쌀, 밥, 책, 연필, 탄산 음료, 초콜릿, 흙, 비타민, 거름, 바람, 로봇, 인형, 자동차, 할머니, 할아버지, 컴퓨터, 소시지, 라면, 과자, 공기, 물고기, 전기, 가스

   가 병아리 – ....

   나 애벌레 – ....

   다 새싹 – ....

3 **가**, **나**, **다**와 〈보기〉의 로봇이 다른 점은 무엇인지 비교해서 말해 봅시다.

   〈보기〉

01 날 내버려 둬!

※ 다음 글을 읽고, 질문에 답해 봅시다.

TEXT GUIDE

가
- 노래 가사 읽기
- 어렸을 때 키운 병아리에 대한 그리움을 노래함으로써 생명의 소중함을 이야기하고 있음
- NEXT, 「날아라 병아리」

나
- 뉴스 읽기
- 생명 경시 풍조를 불러일으키는 동물 뽑기를 비판함
- 출처 : MBC

가 육교 위의 네모난 상자 속에서 처음 나와 만난 노란 병아리 얄리는 처음처럼 다시 조그만 상자 속으로 돌아가 우리 집 앞뜰에 묻혔다. 나는 어린 내 눈에 처음 죽음을 보았던 천구백칠십사 년의 봄을 아직 기억한다.

> 내가 아주 작을 때 나보다 더 작던 내 친구
> 내 두 손 위에서 노래 부르며 작은 방을 가득 채웠지.
> 품에 안으면 따뜻한 그 느낌 작은 심장이 두근두근 느껴졌었어.
> 우리 함께 한 날은 그리 길게 가지 못했지.
> 어느 밤 얄리는 많이 아파 힘없이 누워만 있었지.
> 슬픈 눈으로 날갯짓 하더니 새벽 무렵엔 차디차게 식어 있었네.
> Good-bye 얄리 이젠 아픔 없는 곳에서 하늘을 날고 있을까.
> Good-bye 얄리 너의 조그만 무덤가엔 올해도 꽃은 피는지.
> 눈물이 마를 무렵 희미하게 알 수 있었지.
> 나 역시 세상에 머무르는 건 영원할 수 없다는 것을.
> 설명할 말을 알 순 없었지만 어린 나에게 죽음을 가르쳐 주었네.
> Good-bye 얄리 이젠 아픔 없는 곳에서 하늘을 날고 있을까.
> Good-bye 얄리 너의 조그만 무덤가엔 올해도 꽃은 피는지.
> Good-bye 얄리 이젠 아픔 없는 곳에서 하늘을 날고 있을까.
> Good-bye 얄리 언젠가 다음 세상에도 내 친구로 태어나 줘.

낱/말/풀/이
- **고발** : 세상에 알려지지 않은 잘못된 일 등을 드러내며 알림.
- **신종** : 새로운 종류.
- **확산** : 흩어져 넓게 번짐.
- **규정** : 어떤 일을 하나의 고정된 규칙으로 정함.

나 인형 뽑기처럼 바닷가재를 뽑는 오락기가 유행하고 있다는 고발을 해 드린 적이 있습니다마는, 이번에는 동전을 넣고 햄스터나 병아리, 심지어 토끼까지 뽑는 신종 살아 있는 동물 뽑기 게임기가 확산되고 있습니다. 대개 어린이들이 이용을 해서 문제가 되고 있습니다.

경기도 성남의 한 인형 뽑기 게임장. 몰려든 아이들이 인형 대신 병아리를 뽑아 냅니다. 좁은 게임기 안에 갇힌 100여 마리의 병아리들은 집게를 피해 달아나 보지만 목이 걸린 채 끌려 올라옵니다. 병아리뿐 아니라 바닷가재, 자라, 심지어 토끼까지 아이들의 놀이감은 다양합니다.

 인형은 고리에 걸려오는데 이거는 이렇게 올라와서 우니까요, 신기해요.

 태어난 지 얼마 안 되는 새끼 햄스터는 아이들이 가장 즐겨 뽑는 동물입니다. 이 가게 한 곳에서만 아이들은 매일 병아리 100여 마리와 햄스터 수십 마리를 끌어 올리고 있습니다. 아이들은 뽑아 낸 동물을 기르기보다는 게임 자체를 즐길 뿐입니다.

 얘네들을 한 번 뽑아 갖고 왔는데 키우지 못하고 그냥 버렸거든요.

 유행처럼 번지고 있는 동물 뽑기는 어린이들에게 생명 경시는 물론 사행성까지 조장하고 있습니다. 하지만 현재 동물 뽑기는 게임기가 아닌 자판기로 규정돼 있어 단속이 전혀 이루어지지 않고 있습니다.

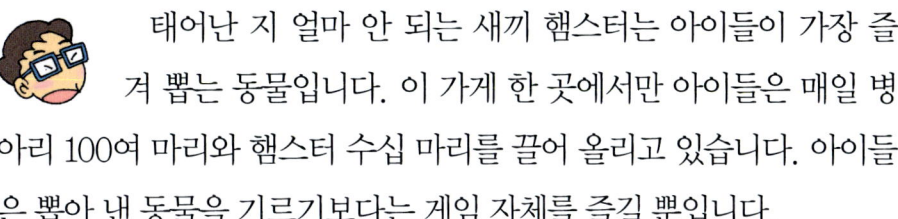

1 가 는 「날아라 병아리」라는 제목의 노래 가사입니다. 노래 속의 '나'가 슬퍼하는 까닭은 무엇입니까?

2 의 뉴스 기사에서는 초등학생들이 살아 있는 동물을 뽑는 게임을 즐기는 사건을 고발하고 있습니다. 인터뷰를 한 학생이 게임기에서 뽑은 동물을 어떻게 처리한다고 대답했습니까?

3 의 뉴스를 보고, 민수가 자신의 생각을 이야기하고 있습니다. 민수의 말을 뒷받침해 줄 수지의 생각을 의 내용을 바탕으로 써 봅시다.

〈민수〉

살아 있는 동물을 상품처럼 뽑는 게임기를 만든 어른들은 참 나쁜 사람들이야. 그렇지만 그 게임을 즐기는 어린 학생들도 문제가 있다고 생각해.

〈수지〉

그래, 맞아. 그 게임을 즐기는 아이들의 문제는······.

4 의 가사에 나오는 '나'가 의 뉴스 기사에 나오는 동물 뽑기를 즐기는 어린이들에게 충고를 해 준다면 뭐라고 말할까요?

2 생명을 소중하게 생각해요

※ 다음 글을 읽고, 질문에 답해 봅시다.

TEXT GUIDE
- 동화 읽기
- 생명을 소중하게 생각하지 않는 아이의 모습 보여 줌
- 출전 : 위기철, 『생명이 들려 준 이야기』(사계절)

"이제부터 이 금붕어를 돌볼 사람은 바로 금돌이다. 어항의 물도 갈아 주고, 금붕어에게 먹이도 주도록 해. 어때, 할 수 있겠지?"

"네, 아버지! 알겠어요."

작은 금붕어들은 금돌이의 눈에도 아주 귀여워 보였단다. 금돌이가 좋아하는 모습을 보고 아버지도 흐뭇했어.

"그래, 날마다 로봇만 가지고 놀지 말고, 이런 작은 생명을 돌보고 아끼는 마음을 갖도록 해야 해."

그러나 금돌이는 얼마 가지 않아 금붕어를 돌보는 일이 시큰둥해지기 시작했어. 금붕어들은 먹이를 주면 받아 먹고 저희들끼리 놀 뿐, 아무 재미도 없었거든. 금돌이는 자꾸 게을러져서 금붕어 먹이도 주지 않았고, 어항이 뿌연 색으로 변하도록 물도 제대로 갈아 주지 않았단다. 그래서 얼마 가지 않아 금붕어들은 마침내 모조리 죽고 말았지. 그걸 본 아버지가 금돌이를 꾸짖었어.

"만일 어머니, 아버지가 금돌이에게 먹을 것도 주지 않고, 옷도 제대로 갈아입혀 주지 않는다면 어떻게 되겠니? 금붕어들도 마찬가지야. 네가 보살펴 주지 않았기 때문에 금붕어들이 모두 죽고 말았잖니?"

하지만 금돌이는 속으론 불만이었단다.

'칫, 그까짓 금붕어 따위가 뭐 그리 대단해! 로봇은 먹을 것을 주지 않아도 금붕어보다 훨씬 더 재미있는데.' 이렇게 생각하며 죽은 금붕어를 쓰레기통에 던져 버렸단다.

또, 한번은 이런 일도 있었어. 어느 날, 금돌이는 친구 또식이와 함께 학교 앞에서 노란 병아리를 한 마리씩 샀단다. 봉지 속에 병아리를 담고 집에 온 금돌이는 서둘러 로봇들을 꺼냈어. 금돌이는 자기가 제일 좋아하는 그랜다이저 로봇을 골랐고, 또식이는 메칸더 브이 로봇을 골랐어. 그러고는 방바닥에 노란 병아리 두 마리를 풀어 놓

앉지.

"그랜다이저 출동!", "멕칸더 브이 합체!"

금돌이와 또식이는 신이 나서 외쳤단다.

"왼쪽 주먹 발사!"

금돌이는 병아리를 겨누고 그랜다이저의 주먹을 쏘았어. 주먹을 얻어맞은 병아리는 깜짝 놀라 삐약거리며 달아났어.

"엑세스 미사일 발사!"

또식이도 병아리를 향해 로봇에 달린 총알을 마구 쏘아 대었지. 금돌이와 또식이는 로봇을 몰아 병아리들을 마구 공격했고, 병아리들은 달아나느라 정신이 없었지. 불쌍한 병아리들은 어찌나 놀랐던지 방바닥에 묽은 똥까지 마구 싸대었단다.

금돌이는 죽은 병아리를 한참 더 공격하다가 쓰레기통 속에 버렸어. 그 때, 죽음이란 놈이 또 금돌이가 하는 짓을 숨어서 보고 있었던 거야.

'흐흐흐, 금돌이는 정말 생명을 우습게 아는 아이로구나.'

죽음은 점점 금돌이가 마음에 들었어.

일은 바로 그 날 밤에 일어났어. 금돌이가 막 잠이 들려고 하는 때였어. 금돌이 방에 있는 장난감 상자들이 덜컹거리기 시작했단다. 금돌이가 깜짝 놀라 눈을 떠 보니, 글쎄 로봇들이 꿈틀꿈틀 움직이고 있는 게 아니겠니?

"간담 엑스 발진! 그랜다이저 발진! 멕칸더 브이 발진! 라이거 용사 출동!"

어디선가 이런 소리가 들리더니, 장난감 로봇들이 하나 둘 날아오르기 시작한 거야.

㉠ "전방에 생명체 발견! 공격 개시!"

이런 소리와 함께 수많은 장난감 로봇들이 순식간에 금돌이를 공격하기 시작한 거야. 금돌이는 너무 놀라 이불을 뒤집어 썼지만, 로봇들이 어찌나 거세게 공격을 하는지 이불로는 막아 낼 수가 없었어.

"아야, 아야야! 난 너희들 주인인데, 왜 나를 공격하는 거야?"

그러자 누군가가 말했어.

"생명을 가진 것들은 모두 우리의 적이다. 모조리 박살내라!"

물론 로봇을 조종하고 있는 것은 바로 죽음이란 놈이었지. 죽음은 아까 금돌이가 했던 장난을 흉내내고 있었던 거야. 금돌이는 마치 병아리들이 그랬던 것처럼 방 안을 뛰어다녔지만, 로봇들은 끊임없이 공격을 해 왔어.

1 이 글에서 금붕어를 대하는 금돌이 아버지와 금돌이의 태도가 어떻게 다른지 써 봅시다.

- 금붕어를 대하는 아버지의 모습

- 금붕어를 대하는 금돌이의 모습

2 ㉠과 같이 로봇들이 금돌이를 공격한 까닭은 무엇입니까?

3 로봇은 그 누군가가 조종하는 대로 움직일 뿐입니다. 생명을 사랑하지 않는 사람이 로봇을 조종한다면 어떠한 일이 벌어질까요?

몸집이 작아도 생명은 소중해!

※ 아래 글에서 '나'가 상대방에게 구체적으로 설명할 필요를 느낀 이유가 무엇인지 생각해 보고, '나'의 입장이 되어 상대방에게 설명해 봅시다.

(300±50자)

TEXT GUIDE
- 수필 읽기
- 본질을 제대로 보아야 한다.
- 이규보, 『슬견설』

어떤 사람이 내게 말을 했다.

"어제 저녁, 어떤 사람이 몽둥이로 돌아다니는 개를 때려죽이는 것을 보았네. 그 모습이 불쌍해 마음이 너무 아팠네. 그래서 이제부터는 개나 돼지고기를 먹지 않을 생각이네."

그 말을 듣고 내가 말했다.

"어제 저녁, 어떤 사람이 화로 옆에서 이를 잡아 태워 죽이는 것을 보고 마음이 무척 아팠네. 그래서 다시는 이를 잡지 않겠다고 맹세를 하였네."

그러자 그 사람은 화를 내며 말했다.

"이는 하찮은 존재가 아닌가? 내가 큰 동물이 죽는 것을 보고 불쌍한 생각이 들어 말한 것인데, 그대는 어찌 그런 사소한 것이 죽는 것과 비교하는가? 그대는 지금 나를 놀리는 것인가?"

나는 좀 구체적으로 설명할 필요를 느꼈다.

로그아웃

까치밥

이성관

누가 누가 달았나
가을 들길에
산골 마을 환하게
빨강 초롱불

오가는 철새들
길 잃을까 봐
한겨울의 멧새들
배고플까 봐

대롱대롱 가지 끝
비인 하늘에
어둠을 밝혀 주는
겨울 까치감

'까치밥'은 늦가을 감을 수확할 때 짐승들이 먹도록 모두 따지 않고 일부를 남겨 놓는 것을 말합니다. 옛 어른들의 생명을 소중히 여기는 마음이 잘 나타나 있죠?

논술 테스트 03

자연의 법칙을 따르자!

– 과학의 발전에 따라 사라져 가는 것들에 대해 생각하기 –

소똥 연료

석유와 석탄과 같은 화석 연료의 대량 사용에 따라 지구 온난화로 인한 자연 재해가 급증하고 있습니다. 세계의 몇몇 나라에서는 친환경적인 연료를 개발하여 사용하고 있습니다. 예를 들면 네팔에서는 소의 배설물을 적극적으로 연료로 이용하여 국가적 수입을 거두고 환경 보호도 하고 있습니다.

〈자연〉과 관련된 경제 문제는 〈2000년 성균관 대학교〉 논술 기출 문제 등 많은 대학에서 출제하고 있는 문제입니다.

논술 테스트

말하지 않아도 알 수 있어요!

TEXT GUIDE

가
- 만화 읽기
- 과학 기술의 발전에 따른 인간의 생활 변화를 이해함

나
- 신문 기사 읽기
- 인간에 의해 파괴되는 자연에 대해 걱정하는 경고글
- 출처 : 오마이 뉴스

현대 과학 기술의 발달과 관련하여 의 공통된 문제점을 찾아보고, 그것에 대한 자신의 생각을 논술해 보시오. (500±100자)

가 〈과거〉 〈현재〉

나 남아시아 지진 해일은 사람들이 스스로 불러들인 재앙입니다. 옛날 그대로 방풍림을 간직한 해안에서는 큰 피해가 없다는 소릴 듣지도 못했나요. 관광객을 위해 화려하게 인위적인 치장을 한 곳의 피해가 얼마나 큰지 보고도 알아차리지 못하는 사람들을 왜 만물의 영장으로 부르는지 알다가도 모를 일입니다.

우린 몸으로 느낍니다. 왜 남아시아 해일 피해에 동물들의 피해가 없는지 아시나요. 다 자연 속에서 벌어질 일들을 예감하는 기능이 몸에 붙어 있기 때

 나도 느낄 수 있어!

문이지요. 자연의 흐름 속에 몸을 맡기고 있으면 자연히 몸에 달라붙을 그 인지 기능을 사람들은 빠르게 퇴화시키지요. 자신을 지켜 줄 그 소중한 기능을 돈을 쓰면서까지 버리는지, 그런 사람들을 왜 지능이 뛰어나다고 하는지요.

왜 그렇게 많이 쓰고, 많이 갖고, 빠르게 다니려고만 하나요. 왜 편하게 치장하고 따뜻한 아랫목만 찾나요. 그러면 더 빨리 이 땅을 떠날 수밖에 없다는 것을 왜 모르시나요.

차근차근~ 생각을 정리해 보자!

답안을 쓰기 전에, 생각부터 정리하고, 의문을 던져 보세요~!

1. 가 에서 '과거'와 '현재'의 모습을 설명해 봅시다.
2. 가 에서 '과거'와 '현재'의 차이점을 이야기해 봅시다.
3. 나 에서 말하고자 하는 주제는 무엇입니까?
4. 과학의 발전과 자연의 파괴가 인간의 생활에 어떤 영향을 미치는지 이야기해 봅시다.

이렇게 써요

무엇을 써야 하지?

주어진 논제는 다음과 같은 내용을 요구하고 있습니다.

① 현대 과학 기술의 발달과 관련하여 가 와 나 의 공통된 문제점을 찾아보고
② 그것에 대한 자신의 생각을 논술해 보시오.

과학 문명의 발전에 따라 인간의 생활이 어떻게 달라졌는지 찾아보고, 인간에게 미친 긍정적, 부정적인 영향에 대해 생각해 봅니다.

어떻게 써야 하지?

1) 가 의 만화와 글 나 의 내용을 읽고 추리해 볼 것

가 의 만화에서는 과학 문명이 발달하지 않았던 과거에는 먼 길을 걸어도 힘들어 하지 않았고, 시계나 휴대 전화가 없어도 시간을 알 수 있었습니다. 반대로 현대의 모습을 보면, 멀지 않은 거리도 자동차를 이용하려고 하고 시계나 휴대 전화가 없으면 시간을 알 수 없습니다.

나 의 글에서는 최근 해일로 인해 피해를 입은 남아시아의 모습을 설명하면서 과학 문명의 발전도 자연의 힘 앞에서는 아무 소용이 없다는 것을 보여 주고 있습니다.

2) 과학의 발전이 인간 생활에 미치는 영향에 대해 고민해 보기

과학의 발전으로 인해 인간의 생활은 무척 빠르고 편리해졌습니다. 생활하면서 불편한 것들은 과학의 힘을 빌려 쉽고 편리하게 바꾸고 있으니까요.

그러나 쉽고 편리하고 빠르다고 해서 무조건 좋은 것은 아닙니다. 과학의 발달로 인해 기계의 힘을 빌리지 않아도 충분히 할 수 있던 인간의 능력들이 점점 퇴화하고 있으니까요.

발상 및 구상

이름 : 　　　　　　　　　　　　　학교　　학년　　반

일곱째 마디 | 문화

내 것으로 만들기

세계는 이제 하나의 마을이라고 해요.
하루가 다르게 발전하는 미디어들과
각종 정보 수단들은 지구의 반대편에서
어떤 일이 일어나고 있는지를 간편하게 알 수 있게 해 주었습니다.

생각 깨우기 | 오! 맛있겠다 읽는 힘 담금질하기 | ❶ 일본 음식이 된 서양 음식   ❷ 할로윈이 뭐길래   생각을 내 것으로 | 곱디 고운 선들은 어디로 갔나?

 로그인

국악 맞아?

 이곳은 국악이 젊음과 만나는 공연이 열리는 현장입니다. 이곳에서는 국악이 서양 음악 장르인 힙합과 재즈를 껴안는 퓨전 국악 축제가 곧 열릴 예정입니다. 국내 유명 국악인은 이 공연을 앞두고 힙합과 재즈와 국악을 접목시켜 국악은 전통 음악이라는 고정관념을 깨고 싶다고 했는데요.
이번 공연은 정통 국악과 실험적인 현대 국악, 대중 가요가 어우러져 또 하나의 새로운 국악 문화를 만들 것으로 기대되고 있습니다. 하지만 전통 음악의 특성과 아름다움을 훼손시켜 자칫하면 정체불명의 음악을 만들 수 있다는 우려의 소리도 적지 않습니다. 이상, 젊음의 국악 축제 현장에서 학천방송 기자 장재영이었습니다.

1. 문화가 무엇인가요?

'문화'가 무엇인지를 정의 내리기는 무척 어려운 일이라고 합니다. 어떤 학자는 문화의 정의가 '그것을 정의하려는 사람 숫자만큼' 있다고 말하기도 합니다. 그만큼 풀기 어려운 문제라는 뜻이겠죠?

일반적으로 문화는 가족, 학교, 나라 등 특정한 집단이 갖는 생활 양식 전반을 가리키는 말입니다. 이러한 기본적인 뜻으로 시작해서 새로운 형태의 생활 양식이라는 뜻, 철학·종교·예술·과학 등 인간이 살아오면서 생기고 발전한 지식, 교양 등의 뜻이 있기도 합니다.

2. 문화 교류는 어떻게 이루어지게 되었나요?

교통과 통신의 급속한 발달은 세계를 하나로 묶어 주고 있습니다. 이러한 발전은 나라마다 서로 이익을 얻을 수 있는 경제적인 교류를 낳았을 뿐 아니라 나라마다 갖고 있는 특유의 생활 방식이나 전통 문화의 교류도 낳았습니다.

사실 이러한 교류는 과거에도 있었답니다. 예를 들어 유럽과 중국을 잇는 실크로드를 통해 서양으로 동양의 비단과 향신료들이 전해졌고 유럽에서 일어난 십자군 전쟁을 치르면서 숫자와 서양의 과학 문명이 동양으로 전파되어 오기도 했습니다.

이렇듯 함께 살아가야 하는 인류에게 문화 교류는 어쩔 수 없이 생기게 되는 일이지요. 현대에 들어 그 속도가 더욱 빨라지고 그 규모가 더 커졌다는 것에 차이가 있을 뿐입니다.

생각 깨우기

오! 맛있겠다

※ 다음은 김치와 라면으로 만드는 퓨전 피자 요리 방법입니다. 글을 읽고, 질문에 답해 봅시다.

TEXT GUIDE
- 조리법 읽기
- 라면과 피자를 응용한 퓨전 음식의 조리법을 알아 본다.

요리 이름	김치 라면 피자
요리 재료	라면 1개, 식용유 1큰술, 밀가루 3큰술, 물 3큰술, 청피망 1/2, 홍피망 1/2, 양파 1/2개, 햄 60g, 베이컨 2장, 양송이 3개, 피자 치즈 60g, 볶은 김치(김치 50g, 식용유 약간, 후춧가루 약간), 피자 소스(양파 다진 것 1/2개, 마늘 2개, 토마토 케첩 6큰술, 육수 1/2컵, 소금 약간, 후춧가루 약간, 버터 1큰술)
요리 방법	1. 라면을 삶은 후 건져서 프라이팬에 평평하게 놓은 후 구운다. 2. 김치 볶기 : 다진 양파 1/4개를 볶다가 김치를 넣고, 볶은 뒤 후춧가루를 넣는다. 3. 피자 소스 만들기 : 팬에 버터 한 큰술을 넣고 다진 마늘, 다진 양파를 볶다가 토마토 케첩을 넣어 잘 볶은 후 육수를 넣고 소금을 넣고 걸쭉하게 끓인다. 4. 프라이팬에 1의 라면을 넣고, 3의 피자 소스를 위에 바른 다음 햄, 베이컨, 양파, 볶은 김치, 양송이를 담고 피자 치즈를 위에 골고루 뿌린다. 5. 200℃ 예열된 오븐에서 20분 정도 맛있게 구워 낸다.
완성된 모습	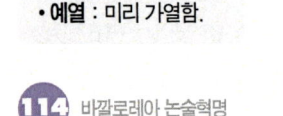

낱/말/풀/이
- **퓨전** : 서로 다른 두 가지 이상의 것이 만나 새로운 것을 만들어 내는 것.
- **예열** : 미리 가열함.

1. '김치 라면 피자'의 맛은 어떨까요? 자신의 생각을 까닭과 함께 써 봅시다.

   ....

   ....

   ....

2. 동양 음식과 서양 음식을 섞어 자신만의 퓨전 요리를 만들어 봅시다.

요리 이름	
섞을 요리	
두 요리를 섞은 이유	
예상되는 맛	

3. 여러분이 알고 있는 퓨전 요리는 어떤 것이 있는지 소개해 봅시다.

   • 요리 이름 ....

   • 특징 ....

   ....

01 일본 음식이 된 서양 음식

※ 다음 글을 읽고, 질문에 답해 봅시다.

TEXT GUIDE
- 설명문 읽기
- 서양 음식의 장점을 받아들여 자신들의 것으로 발전시킨 일본의 음식 문화

우리가 쓰고 있는 '빵'은 원래 포르투갈 말입니다. 우리나라에서 '빵'이라는 말을 쓰게 된 것은 일찍부터 서양과 접촉했던 일본의 영향 때문입니다. 일본은 포르투갈의 '팡'이라는 말을 받아들여 '빵'이라고 했습니다. 이것을 우리 나라도 그대로 받아들였습니다. 일본에는 일찍부터 동양과 장사를 하기 위해 오는 서양 배들이 많았습니다. 에스파냐와 포르투갈의 배도 많았습니다. 그래서 일본에는 일찌감치 서양 음식이 많이 소개됐습니다.

서양의 음식 문화는 일본 음식 문화에 많은 영향을 미쳤습니다. 일본 사람들은 이때부터 빵을 좋아했습니다. 그리고 자기들이 좋아하는 단팥 앙금을 빵 속에 넣어 먹어 보았습니다. 이것이 바로 단팥빵입니다. 일본 사람들은 '앙꼬빵'이라고 하지요. 단팥빵은 서양과 동양의 음식이 서로 어우러진 맛인 셈입니다.

또, 스펀지처럼 폭신폭신한 카스테라도 그때 일본에 들어왔습니다. '카스테라'라는 말은 에스파냐에 있었던 '카스테라'라는 나라의 이름이었습니다. 그 곳에서는 품질 좋은 밀이 잘 자랐습니다. 그래서 풍족하게 수확되는 질 좋은 밀로 맛있는 빵과 과자를 만드는 기술이 발달했습니다. 일본에 들어온 서양 음식은 그 외에도 비스킷, 캐러멜 같은 것들이 있는데 이것도 모두 포르투갈 말입니다.

일본 음식을 대표하는 유명한 튀김 요리인 '덴뿌라'도 알고 보면 포르투갈이 전해 준 요리법을 응용한 것입니다.

포르투갈 사람들은 가톨릭을 믿기 때문에 가톨릭이 정한, 고기를 먹지 않는 기간을 지켰습니다. 포르투갈에서는 이 기간을 '템포라'라고 합니다. 그런데 이 기간에는 고기를 먹지 않는 대신 생선이나 새우 같은 해산물 또는 채소를 밀가루 반죽에 묻혀 튀겨 먹었습니다.

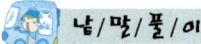

낱/말/풀/이
- **접촉** : 다가서서 닿음.
- **방치** : 그대로 버려둠.

일본에 온 포르투갈 선교사들은 이국 땅에서도 이 템포라 기간을 지키며 튀긴 음식을 만들어 먹었습니다. 일본 사람들이 이것을 먹어 보고는 음식 만드는 법도 배우게 되었던 것이지요. 이 음식은 맛이 워낙 좋아 금세 널리 알려지게 되었습니다. 음식의 이름은 '템포라'라는 가톨릭 절기 이름을 그대로 따서 붙였습니다. 템포라를 일본식으로 발음하다 보니 '덴뿌라'가 된 것입니다. 덴뿌라는 오늘날 일본의 대표적인 음식으로 사랑받고 있습니다.

이 외에도 서양 음식이었다가 일본의 독특한 요리가 된 것으로 돈가스와 카레라이스를 들 수 있습니다. 우리나라에서도 즐겨 먹는 이 음식들은 다른 나라의 장점을 자신들의 것으로 만드는 일본인들의 특징을 유감 없이 보여 줍니다.

1 일본에 서양 음식이 많이 소개된 이유는 무엇인가요?

일본에는 일찍부터 동양과 장사를 하기 위해 오는 서양 배들이 많았기 때문에 일본에 서양 음식이 많이 소개되었다.

2 다음 중 맞는 내용을 골라 보세요. ( )

① 템포라는 일본의 가장 큰 명절입니다.
② 단팥빵은 포르투갈의 전통 음식입니다.
③ 빵, 비스킷, 캐러멜 등은 모두 영어입니다.
④ 카스테라는 원래 일본의 어느 지방의 이름이었습니다.
⑤ 덴뿌라는 일본에 건너온 포르투갈 선교사들에 의해 전해진 음식입니다.

3 단팥빵이나 덴뿌라를 일본의 음식이라고 할 수 있을까요? 자신의 생각을 까닭과 함께 써 봅시다.

- 나의 생각:

- 이유:

4 서양 음식 문화를 받아들이는 일본의 태도에서 배울 점과 고쳐야 할 점은 무엇일까요?

배울 점	
고쳐야 할 점	

02 할로윈이 뭐길래

TEXT GUIDE
- 기사문 읽기
- 국내에 유행하고 있는 할로윈 데이의 문제점
- 출처 : 한국 일보

※ 다음 글을 읽고, 질문에 답해 봅시다.

국내 업체들이 미국 어린이들의 축제일인 할로윈 데이(10월 31일)를 앞두고 할로윈 이벤트를 잇따라 펼치고 있다. 그러나 그 유래도 확실치 않은 다른 나라의 축제를 국내 업체들이 상술로 이용하는 것은 문제가 많다는 지적이다.

한 미국계 할인점은 오는 11월 3일까지 전국 16개 매장에서 호박, 마녀 모자, 마녀 의상, 유령 가면 등 주로 초등학생을 겨냥한 110개의 할로윈 상품을 선보이는 '할로윈 상품전'을 연다. 서울 역삼동의 한 아기 전문 사진관은 할로윈 상품을 내놨다. 스튜디오에서 인형, 사탕을 찾는 보물 찾기 놀이와 페이스 페인팅, 마술쇼, 할로윈 호박 만들기 등을 하도록 하면서 할로윈 의상을 입은 채 사진을 찍어 주는 것이다. 김 모 씨(38)는 "국적도 불분명한 외국 행사를 이용해 돈을 벌려는 얄팍한 상술을 보는 것 같아 서글프다"며 "이런 행사에 절대 유혹돼서는 안 된다"고 말했다.

서울 주요 호텔도 레스토랑을 할로윈 장식물로 치장하고 종업원들에겐 처녀 귀신과 드라큘라 분장을 하도록 했다. 특히 시내의 한 호텔은 비명 지르기, 두루마리 휴지로 미라 만들기 등 섬뜩한 이벤트를 준비해 고객들을 당황하게 만들기도 했다. 주요 놀이 공원들도 이달 말 혹은 내달 중순까지 할로윈 데이 이벤트를 진행하고 있다. 온라인도 마찬가지. 한 인터넷 동호회는 홈페이지를 할로윈 분위기로 꾸미는 행사를 연다.

이 밖에도 할로윈 데이 용품을 싸게 판다거나 파티를 열어 준다는 쇼핑몰 등도 심심치 않게 찾아볼 수 있다. 그러나 할로윈 데이는 죽은 자의 영혼의 길을 밝혀 준다는 호박 등을 비롯해 우리나라 정서와는 맞지 않는 상징물들이 많아 무분별한 상술은 오히려 해가 될 수도 있다는 지적이 나오고 있다.

낱/말/풀/이
- **국적** : 배나 비행기 따위가 소속되어 있는 나라.
- **상술** : 장사하는 솜씨.
- **미라** : 사람이나 동물의 시체가 바짝 말라 원래의 모습에 가까운 상태로 있는 것.
- **동호회** : 취미나 좋아하는 것이 같은 사람끼리의 모임.

　한국 가정 개발 연구원 주계영 박사는 "할로윈 데이는 아일랜드 켈트족 중 폭력적인 드루이드 집단이 검은 옷차림으로 떼를 지어 횃불을 들고 다니며 처녀를 제물로 하여 사탄에게 제사를 지낸 것이 기원"이라며 "미국에서도 문제가 지적되고 있는 마당에 무분별하게 상술에 접목시켜 할로윈 데이를 알리는 것은 이해가 되지 않는다"고 말했다.

1 할로윈 데이의 기원은 무엇입니까?

2 이 글에서는 할로윈 데이를 즐기는 문화가 왜 문제라고 말하고 있습니까?

※ 다음은 할로윈 데이와 관련된 인터넷 사이트에 친구들이 올린 글입니다. 잘 읽고, 질문에 답해 봅시다.

TEXT GUIDE
- 할로윈 데이 파티를 준비하는 학생들의 질문
- 출처 : 네이버

제가 친구들이랑 할로윈 데이 파티를 하려고 그러는데요. 막상 남의 일은 잘해 주다가도 제가 관련된 일이어서 그런지 일이 잘 안 풀리네요. 제가 할로윈에 대해 아는 것이 별로 없어서요. 이런 것은 어떻게 해야지 사람들의 호응을 잘 얻을 수 있을까요? (kimberly7186)

우리 학원에서 할로윈 데이 파티를 하는데요. 재작년에는 귀신 , 작년에는 악마를 했어요. 그래서 올해에는 마녀를 하려고요. 보통 마녀 옷을 보면 그냥 검정색 치마에 검정색 모자 그것뿐이잖아요. 전 그것보다 조금 더 색다르게 해 보고 싶어요. 색은 검정색으로 할 거구요. 그러니까 제가 알고 싶은 건 마녀 옷 만들기에요. 좋은 답변 부탁드릴게요! (mini)

낱/말/풀/이
- **호응** : 어떤 요구에 응하여 따름.
- **저렴한** : 물건 값이 싼.

3 이 제시문의 친구들은 할로윈 데이를 어떻게 생각하고 있습니까?

....

4 이 글과 앞의 글을 참고해서 할로윈 데이 파티를 하는 것에 대한 '나'의 생각을 써 봅시다.

....

....

곱디 고운 선들은 어디로 갔나?

생각을 내 것으로

TEXT GUIDE
- 설명문 읽기
- 생활 한복이 만들어진 원인과 문제점
- 출처 : 뉴스툰

※ 다음 글을 읽고, 질문에 답해 봅시다.

1980년대 후반 민족 운동을 하는 사람들에게서 '그 동안 우리는 민족과 자주를 외쳐 왔지만 일상 생활 속에선 드러나지 않았다. 서양 옷을 늘 입으면서 민족을 생각하고, 이야기한다는 것은 문제가 있지 않을까? 아름답고 훌륭한 전통 한복을 평상시에 입기는 불편한 면이 많다. 따라서 그 문제만 고쳐 주면 편하게 한복을 일상 생활에서 입을 수 있지 않을까?' 라는 생각이 일어났고 그래서 생겨난 것이 '생활 한복'이다.

아직 생활 한복에 대한 이해가 부족했던 처음에는 많은 어려움이 있었지만, 1996년 문화관광부에서 의욕적인 사업을 시작했다. 매달 첫째주 토요일을 '한복 입는 날'로 정하고, 전 직원의 한복 입기를 추진하면서 생활 한복에 대한 폭발적인 관심이 생기기 시작했다.

하지만, 서양옷처럼 입기 편하게 만들어 보급하기 시작한 생활 한복이 무조건 좋은 것만은 아니었다. 좋은 전통 한복에 대한 정확한 이해 없이 어깨 너머로 훔쳐보며 의식 없이 생활 한복을 만들던 많은 사람들이 한복에 익숙하지 않은 소비자의 요구에 한복의 중요한 특징을 없애고 편하게만 만들어 낸 것이다.

넉넉하고 여유로워 피부와 몸에 무리를 주지 않고 자연스러웠던 한복의 특징을 없애고 서양 옷처럼 체형에 딱 맞게 만들어 몸을 드러내기 시작했으며 섶, 대님 등 한복의 중요한 부분은 마구 없애 버렸다. 그런가 하면 100% 화학 섬유(폴리에스테르)를 썼고, 청바지를 바느질하던 재봉사들이 한복에 대한 기초도 없고, 정성도 없는 바느질로 생활한복을 대량 생산하기 시작하면서 전통 한복뿐 아니라 생활 한복의 매력도 사라지기 시작했다.

낱/말/풀/이
- **민족 운동** : 민족이 마땅히 누려야 할 권리를 되찾기 위하여 펴는 활동.
- **자주** : 자신의 일을 스스로 처리함.
- **체형** : 몸의 생김새.
- **화학 섬유** : 화학적 처리 과정을 거쳐 공업적으로 생산되는 섬유.

※ 생활 한복의 문제점과 그러한 문제점이 생긴 원인을 바탕으로, 전통 문화를 대하는 바람직한 자세에 대한 '나'의 생각을 써 봅시다. (300±50자)

로그아웃

역사적으로 문화 교류는 어떤 방식으로든 이루어져 왔습니다. 그것이 특별한 목적을 갖고 이루어진 적도 있으며, 자연스럽게 교류가 이루어진 적도 있지요. 활발한 문화 교류는 다른 문화를 이해하고 받아들이며 더불어 살 수 있는 기회를 마련해 줍니다.

하지만 문화가 자연스럽게 들어온 것이 아니고, 상대방이 자신의 나라 이익만을 위해 나쁜 뜻을 가지고 계획적으로 퍼뜨린 것이라면, 또한 장점보다는 부작용이 더 크다면 이는 바람직한 문화 교류라고 할 수 없을 것입니다. 따라서 문화 교류는 상대방 문화를 짓밟고 없애는 것이어서는 안 되며, 문화가 서로 만나 더욱 풍요로운 삶을 살 수 있도록 도와 줄 수 있는 것이어야 하겠습니다.

여덟째 마디 | 역사

저 강물은 말도 없이
오천 년을 흘렀네

오랜 세월 동안 한강은
우리 역사의 중요한 사건의 무대가 되었어요.
왜 한강이 중요했는지 생각해 보세요.

생각 깨우기 | 역사 지도 뚫어 보기 읽는 힘 담금질하기 | 01 한강을 잡아라! 02 바보 온달이 장수가 됐네! 03 무열왕 그가 궁금하다! 생각을 내 것으로 | 온달 장군님께!

 로그인

'역사는 거울이다'

아빠! '역사는 거울이다'라는 말이 무슨 뜻이에요?

그건 역사를 잘 살펴보면 현재의 모습도 볼 수 있다는 것이지. 우리가 어떤 일을 할 때 과연 이 일을 내가 잘 하고 있는 것일까? 또는 이런 일이 다른 사람에게 어떤 영향을 미칠까? 고민을 할 때가 있단다. 그럴 때 역사 속에서 내려오는 이야기들을 살펴보면 그 해답을 찾을 수 있단다.

사자성어나 전래 동화 같은 것을 말씀하시는 거예요?

그렇지. 사자성어나 전래 동화도 우리 역사의 한 부분이니까.

이것만은 꼭!

1. 역사, 과거와 현재와의 끊임없는 대화예요.

역사란, 인간이 속하는 자연의 모든 현상에서 과거에 일어난 사실이나, 그 사실에 관해 문장으로 적은 것을 말합니다.

역사라는 큰 테두리 안에서 우리는 만나본 적 없는 세종대왕, 이순신 장군도 만날 수 있습니다. 그들에게 어떤 일이 있었고, 어떤 일들을 한 사람인지 더 나아가 현재에 살고 있는 우리에게 어떤 영향을 미쳤는지도 알 수 있습니다.

2. 예전에도 한강, 지금도 한강이에요.

한강은 100년 전에도, 300년 전에도 지금처럼 유유히 흐르고 있었습니다. 우리의 역사 속에서 한강은 매우 중요한 것이었습니다. 어떤 나라가 한강 유역을 더 많이 가지고 있느냐에 따라 힘이 세고 약하고를 알 수 있었으니까요. 왜 이렇게 한강이 중요한 지역이었는지 살펴봅시다.

역사 지도 뚫어 보기

※ 다음 지도를 보고, 질문에 답해 봅시다.

TEXT GUIDE
- 역사 지도 읽기
- 시대에 따라 달라지는 영토 변화 이해하기

가 〈삼국 시대〉

나 〈통일 신라〉

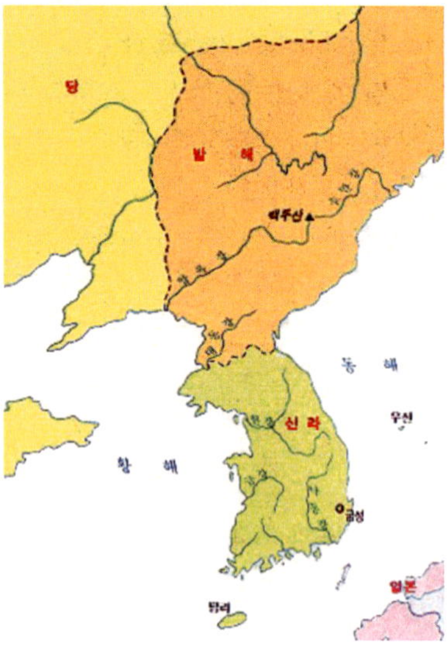

다 〈고려 시대〉

라 〈조선 시대〉

1 가, 나, 다 의 지도가 어떻게 변했는지 설명해 봅시다.

　가

　나

　다

2 라 의 조선 시대 지도와 〈보기〉에 나온 현재 우리의 지도를 비교하여 알 수 있는 사실을 써 봅시다.

한강을 잡아라!

4-2 사회 교과서 1. 문화재와 박물관

◀◀◀ 교과서 읽기 ◀◀◀

도읍지란 '한 나라의 수도로 삼은 곳'을 말하는데, 백성들이 모여 살기에 알맞고, 나라를 다스리는 여러 가지 일을 하기에 편리하며, 외적의 침입을 쉽게 막을 수 있는 곳이어야 했다.

태조 이성계는 조선을 세우고 한양을 도읍지로 하였다. 한양은 남쪽으로 강이 흐르고 북쪽으로는 산이 펼쳐져 있어 외적을 막기에 적합한 곳이었다. 또, 가까이에 넓은 들과 한강이 있어, 백성들이 생활하기에도 편리한 곳이었다.

그리고 국토의 중앙에 있어 육로든 뱃길이든 쉽게 오갈 수 있는 곳이었다.

 '한강'의 중요성에 대해 알아봅시다.

TEXT GUIDE
- 설명문 읽기
- '한강'이 가지는 역사적 위치와 의미 파악하기

낱/말/풀/이
- **유적** : 옛 인류가 남긴 유형물(有形物)의 자취.
- **교역** : 물건을 서로 사고 파는 일.
- **부강** : 나라의 재정이 넉넉하고 군사력이 튼튼함.
- **진출** : 앞으로 나아감.
- **지배** : 거느려 부림. 통치. 다스림.

교과서 뛰어넘기

한강의 이름은 본래 큰 물줄기를 의미하는 '한가람'에서 유래되었습니다. '한'은 크다, 넓다, 가득하다, 바르다의 의미이며, '가람'은 강을 나타내는 순 우리말입니다. 그러므로 한강은 크고 넓으며 가득한 물이 흘러가는 강이라는 뜻입니다.

서울의 젖줄인 한강은 오랜 세월 동안 우리 역사의 무대가 되어 왔습니다. 한강 유역에 처음 사람이 살기 시작한 것은 신석기 시대인 기원전 4,000년 무렵이었지요. 암사동 선사 주거지와 하남 미사리 유적이 바로 신석기인들이 한강 유역에 살았던 흔적입니다.

한강 유역이 이전보다 중요하게 생각되기 시작한 것은 삼국 시대부터입니다. 한반도 중심에 자리한 한강의 주변 지역은 물이 풍부하고 땅이 기름져서 농사 짓기가 좋았고, 바닷길을 통해 중국과 교역을 하기에도 편리한 곳이었습니다.
　그래서 한강 유역을 차지한 나라는 부강해졌고, 한강 유역을 빼앗긴 나라는 쇠퇴하기 시작했습니다. 한강 유역에 처음 터를 잡은 나라는 백제였습니다. 백제는 근초고왕 때인 4세기 후반에 북으로는 황해도, 남으로는 전라남도와 남해안에 이르는 넓은 땅을 차지하면서 가장 먼저 삼국 시대의 주인공으로 떠올랐습니다.
　그 뒤 소수림왕, 광개토 대왕, 장수왕을 거치면서 힘을 키운 고구려가 남쪽으로 진출하자 한강 유역은 백제와 고구려가 엎치락뒤치락 힘을 겨루는 장소가 되었습니다. 그러다가 장수왕이 백제의 개로왕을 무찌르면서 고구려가 한강 유역을 지배하게 되었답니다.

1 이성계가 한양을 도읍지로 정한 까닭은 무엇입니까?

2 '한강' 이라는 말의 의미가 무엇인지 찾아 써 봅시다.

3 삼국 시대에 한강 유역을 더욱 중요하게 생각하게 된 까닭은 무엇입니까?

01 바보 온달이 장수가 됐네!

읽는 힘 담금질하기

TEXT GUIDE
- 전래 동화 읽기
- 바보 온달이 평강 공주의 도움을 받아 고구려의 장수가 된 이야기

※ 다음 글을 읽고, 질문에 답해 봅시다.

　고구려 25대 평원왕에게는 '평강'이라는 사랑스런 어린 딸이 있었습니다. 그런데 그 딸은 밤낮으로 울어댔습니다.
　"자꾸 울면 바보 온달에게 시집보낸다"
라고 말하며 아이를 달랬습니다.
　공주가 의젓하고 아리따운 처녀가 되자 고구려 귀족인 고씨 집안에 시집보내려고 했습니다. 그러자 공주는 반대하고 나섰습니다.

　　　　　　　　㉠

　평원왕은 공주를 설득했지만 공주는 왕의 말을 듣지 않았습니다. 화가 난 왕은 공주를 궁 밖으로 내쫓았습니다.
　궁에서 쫓겨난 공주는 온달을 찾아갔습니다. 온달은 그 지역에서 소문난 바보지만 나무를 하며 어머니를 정성껏 모시는 효자였습니다.

　온달과 함께 살게 된 평강 공주는 온달에게 글공부와 사냥 연습을 시켰습니다. 글공부를 해 보니 온달은 머리가 좋은 편이라 한 번 배운 것은 잊지 않았습니다.
　어느 날 공주는 궁중에서 가지고 온 금비녀를 주며 온달에게 말했습니다.
　"장에 가서 이 금비녀를 팔아 대궐에서 내다 판 여윈 말을 사 오세요."
　온달은 공주의 말대로 여윈 말 한 필을 사 가지고 왔습니다. 공주는 그 말을 정성껏 돌본 다음, 온달이 그 말을 타고 산을 달리며 사냥을 하게 했습니다. 매일 연습을 한 온달은 날쌔지고 활 솜씨도 늘어갔습니다. 이제 온달은 더 이상 바보가 아닌 늠름하고 총명한 젊은이가 되었습니다.
　그 무렵 고구려에서는 해마다 3월에 사냥을 잘하는 젊은이들을 모아 시합을 시키고, 그들이 잡은 짐승으로 산과 하늘에 제사를 지냈습니다. 그해에도 평원왕은 여러 대신들을 거느리고 내로라하는 사냥꾼들과 함께 사냥을 나갔습니다. 저녁이 되어 사냥이 끝나자 평원왕은 가장 많

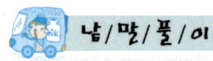

- **의젓하다** : 말이나 행동에 무게가 있다.
- **늠름하다** : 위풍이 있고 당당하다. 씩씩하다.
- **상소** : 임금에게 글을 올림.
- **선두** : 첫머리, 선머리.

이 사냥을 한 젊은이를 불러 이름을 물었습니다.

그 젊은이가 온달이라는 사실을 알게 된 왕은 놀랐습니다. 그리고 평강 공주가 그의 부인이 되었다는 말을 듣고 다시 한 번 놀랐습니다. 그 날 이후 평원왕은 온달을 부마로 삼아 아끼고 의지했습니다.

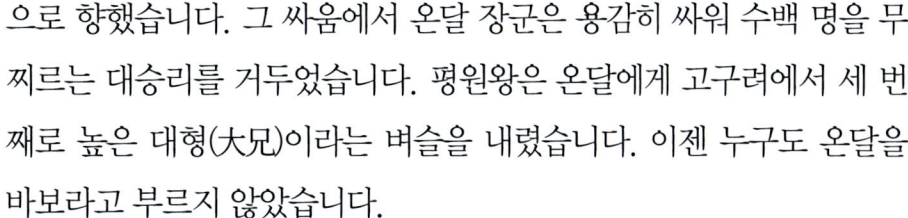

이 무렵, 중국에서 대군을 이끌고 요동 땅으로 쳐들어온다는 소식이 들려왔습니다. 평원왕은 온달 장군과 함께 군사를 이끌고 압록강을 건너 요동으로 향했습니다. 그 싸움에서 온달 장군은 용감히 싸워 수백 명을 무찌르는 대승리를 거두었습니다. 평원왕은 온달에게 고구려에서 세 번째로 높은 대형(大兄)이라는 벼슬을 내렸습니다. 이젠 누구도 온달을 바보라고 부르지 않았습니다.

평원왕이 세상을 떠나고 590년 영양왕이 즉위하였습니다. 어느 날 온달 장군은 영양왕에게 이렇게 말했습니다.

"신라가 우리 한강 북쪽 땅을 빼앗아 자기네 영토를 만들었습니다. 그 곳 백성들은 고구려를 잊지 못하고 있습니다. 저를 믿고 군사를 내 주시면 반드시 승리하여 우리 땅을 되찾아 오겠습니다."

영양왕은 온달의 말대로 해 주었고, 싸움터로 나가기 전, 평강 공주에게 말했습니다.

"이 싸움에서 이기지 못한다면 돌아오지 않겠소."

군사를 거느리고 남쪽으로 향한 온달은 불꽃 튀는 전쟁을 벌였습니다. 그러다 온달 장군은 신라군의 화살을 맞고 말에서 떨어졌습니다.

ⓒ 고구려 군사들은 시신을 관 속에 넣어 돌아가려고 했으나 관이 움직이지 않았습니다. 그 소식을 듣고 달려 온 평강 공주는 관을 쓰다듬으며 말했습니다.

"대장부로서 할 일을 다 하셨으니 이제 눈을 편히 감으세요."

평강 공주의 말이 끝나자 관이 움직이기 시작했습니다.

1 평원왕이 평강 공주를 고구려 귀족인 고씨 집안에 시집보내려고 하자 평강 공주는 반대를 했습니다. 반대한 까닭을 ㉠에 채워 봅시다.

2 온달을 찾아 간 평강 공주가 온달에게 한 일을 써 보고, 그렇게 행동한 까닭을 써 봅시다.

3 온달을 보고 평원왕은 어떤 생각을 했을까요? 평원왕이 온달에게 보내는 사과의 말을 써 봅시다.

4 온달 장군의 관이 ㉡과 같이 움직이지 않은 까닭을 이 글을 바탕으로 써 봅시다.

02 무열왕 그가 궁금하다!

※ 다음 글을 읽고, 질문에 답해 봅시다.

TEXT GUIDE

가
- 설명문 읽기
- 한강 유역을 차지한 신라가 삼국의 주도권을 잡았다는 이야기

나
- 일화 읽기
- 김춘추와 김유신에 관한 일화

가 신라가 통일의 발판을 다진 것은 한강 일대를 차지한 때부터였습니다.

신라가 한강 일대를 차지한 건 진흥왕 때였습니다. 신라의 진흥왕은 백제의 성왕과 연합군을 만들어 한강 유역을 차지하고 있는 고구려를 공격했습니다. 신라와 백제는 벌써 100년 넘게 '나제 동맹'을 맺고 있었습니다.

신라와 백제는 연합하여 고구려의 한강 일대를 빼앗았고, 상류 지역은 신라가 하류 지역은 백제가 각각 나눠 가졌습니다. 그러나 2년 뒤 신라의 진흥왕은 별안간 백제의 땅인 한강 하류를 공격했습니다.

뜻밖의 공격을 당한 백제는 힘없이 패했고, 신라는 한강 하류까지 손에 넣었습니다. 100년 넘게 지켜온 나제 동맹이 신라의 배신으로 하루아침에 깨진 것이지요. 화가 난 백제의 성왕은 신라로 쳐들어갔습니다. 지금의 충청북도 옥천에 있던 관산성에서 전투가 벌어졌습니다. 처음엔 백제군이 우세했지만 때마침 신라의 김유신 장군의 도움으로 결국 백제 성왕은 그 곳에서 전사를 하고 승리는 신라에게 돌아갔습니다. 이렇게 신라는 관산성 전투에서 승리함으로써 영토를 늘렸을 뿐만 아니라 중국과 직접 교류하게 되어 발전을 할 수 있게 되었습니다. 즉, 삼국의 팽팽한 경쟁에서 신라가 주도권을 잡게 된 것이지요.

낱/말/풀/이

- **발판** : 다른 곳으로 진출하기 위하여 이용하는 수단을 비유적으로 이르는 말.
- **주도권** : 주장이 되어 어떤 일을 이끌거나 지도하는 권리.
- **문물** : 학문, 예술, 종교 등 문화의 산물.
- **점령** : 일정한 땅이나 대상을 차지하여 자기 것으로 함.
- **달성** : 뜻한 바를 이룸.

나 태종 무열왕 김춘추는 어려서부터 용모가 범상치 않았고 영특했습니다. 당나라 태종도 김춘추를 보자마자 이렇게 감탄했습니다.

"호오, 성인의 기개가 서려 있구나!"

어려서부터 세상을 바로잡을 원대한 뜻을 품었던 김춘추는 앞서가는 당나라의 문물을 받아들이는 데에 앞장섰습니다. 대륙의 문화를 받아들여 이 나라를 앞서가는 나라로 발전시키고자 하는 뜻에서였습니다.

그러던 어느 해 자기보다 나이가 많은 김유신을 만나게 되었습니다.

서로 뜻이 맞아 금방 가까워졌고, 급기야는 김유신의 여동생과 결혼하게 되었습니다. 그 때부터 두 사람은 삼국 통일과 나라의 발전을 위해 서로를 위하고 애썼습니다.

㉠ 백제의 잦은 침입으로 사위와 딸까지 잃게 된 김춘추는 백제를 치기 위해 고구려로 도움을 청하러 갔습니다. 그러나 당시 고구려의 실권자였던 연개소문은 오히려 그를 가둬 버렸습니다.

"지금 신라가 점령하고 있는 옛 고구려 땅을 돌려주면 힘을 빌려 주지."

가까스로 고구려를 빠져 나온 김춘추는 당나라로 달려갔습니다. 처음에는 당나라도 고개를 저었습니다. 그러나 그의 뛰어난 사교술과 말솜씨, 외교적인 능력은 끝내 당나라를 미소 짓게 만들었습니다.

진덕 여왕이 죽자 김춘추는 최초의 진골왕, 태종 무열왕이 되었습니다. 그는 왕권을 강화하면서 외교 정책에 힘을 기울였습니다.

1 가 글의 신라가 삼국의 주도권을 잡을 수 있게 된 까닭을 찾아 써 봅시다.

2 나 의 ㉠ 백제의 잦은 침입이 있었던 까닭을 가 글에서 찾아 써 봅시다.

온달 장군님께!

※ 온달 장군은 신라에게 빼앗긴 한강 일대를 되찾기 위해 싸움터로 나갔다가 전사했습니다. 승리하기 전에는 돌아오지 않겠다던 약속 때문인지 온달 장군의 관은 땅에 붙어 꼼짝을 안했습니다. 얼마나 답답했으면 죽어서도 한이 되었을까요? 이런 온달 장군을 위로하는 편지를 써 보세요.

로그아웃

터

노래 : 신형원

저 산맥은 말도 없이 오천 년을 살았네
모진 바람을 다 이기고 이 터를 지켜왔네
저 강물은 말도 없이 오천 년을 흘렀네
온갖 슬픔을 다 이기고 이 터를 지켜왔네

설악산을 휘휘돌아 동해로 접어드니
아름다운 이 강산은 동방의 하얀 나라
동해 바다 큰 태양은 우리의 희망이라
이내 몸이 태어난 나라 온 누리에 빛나라

자유와 평화는 우리 모두의 손으로
역사의 숨소리 그날은 오리라
그날이 오면은 모두 기뻐하리라
우리의 숨소리로 이 터를 지켜 나가자

한라산에 올라 서서 백두산을 바라보며
머나먼 고향을 생각하니 가슴이 뭉클하구나
백두산의 호랑이야 지금도 살아 있느냐
살아 있으면 한 번쯤은 어흥하고 소리쳐 봐라

얼어 붙은 압록강아 한강으로 흘러라
같이 만나서 큰 바다로 흘러가야 옳지 않겠나
태극기의 펄럭임과 민족의 커다란 꿈
통일이여 어서 오너라

모두가 기다리네 불러라 불러라
우리의 노래를 그날이 오도록
모두 함께 부르자
무궁화 꽃내음 삼천리에 퍼져라
그날은 오리라 그날은 꼭 오리라~

논술 테스트 04

나라마다 달라요!

– 나라마다 탑이 다른 이유 알아보기 –

나라마다 다른 문화 이해하기

문화는 각 나라의 정서와 자연 환경 등에 따라 그 모양과 형태, 재료가 달라집니다.
우리나라의 경우 예전부터 중국의 영향을 많이 받았습니다. 그러나 중국의 문화를 그대로 모방하기보다는 우리의 정서와 자연 환경에 따라 달라졌고, 그것을 일본에 전파하기도 했답니다.

〈문화 상대주의〉에 관한 문제는 〈2004년 한국 외대〉 정시 논술 기출 문제 등 많은 대학에서 출제하고 있는 문제입니다.

논술 테스트

재료가 달라요!

TEXT GUIDE
- 설명문 읽기
- 나라마다 다른 탑의 모양과 재료

다음은 중국, 한국, 일본 세 나라의 불탑을 보여 주는 사진과 설명입니다. 세 나라 불탑의 차이점을 설명하고, 그 차이점이 생긴 원인을 써 보세요.
(400±100자)

인도와 중국은 황토 진흙을 활용하여 벽돌을 만들어 전탑을 쌓아 올렸습니다. 오늘날 남아 있는 인도 각지의 탑은 거의 전탑이고, 중국도 전국 각지에 남아 있는 탑의 대부분이 전탑입니다. 인도의 사르나트의 '다메크 대탑'은 벽돌로 쌓아 올린 원통형 불탑으로 아쇼카왕 시대에 건조되어 굽타 왕조 시대에 증축되었다고 전하는 거대한 전탑입니다. 구시나가라의 '안가라 차이티야'도 벽돌로 쌓아 올린 거대한 전탑입니다. 중국의 '대안탑'은 당시대에 건립된 원통형의 전탑입니다. 이와 같이 인도와 중국은 전탑이 대부분의 탑을 차지하고 있습니다.

우리나라는 화강암이 많이 채취되는 자연적인 조건 때문에 석탑이 크게 발달할 수 있었습니다. 그러므로 1천여 개의 탑 가운데 대부분이 석탑이고, 그 모양도 다양하며 다채로운 수법을 보이고 있어 한국의 탑을 이해하려면 곧 석탑에 대해 알아야 합니다.

모양이 다르네……

일본의 경우는 나라 시대를 중심으로 한 고대의 사찰에서 목탑들을 볼 수 있습니다. 특히 호류사의 5층 목탑은 그 대표이며 근세에 이르러서도 목탑을 건립하였음을 전국 각지에서 볼 수 있습니다. 일본은 예부터 풍부한 목재를 사용하여 많은 목탑을 건조하였기 때문에 '목탑의 나라'라고 불리기도 합니다.

어? 재료도 다르네!

차근차근~ 생각을 정리해 보자!

답안을 쓰기 전에, 생각부터 정리하고, 의문을 던져 보세요~!

1. 중국, 한국, 일본 불탑의 모양을 설명해 봅시다.
2. 중국, 한국, 일본 불탑은 각각 어떤 재료를 이용하여 만들었습니까?

이렇게 써요

무엇을 써야 하지?

주어진 논제는 다음과 같은 내용을 요구하고 있습니다.

① 중국, 한국, 일본 세 나라의 불탑의 차이점 설명하기
② 불탑의 차이점이 생긴 원인 쓰기

중국, 한국, 일본은 불교의 영향을 많이 받았습니다. 그래서 불교를 중심으로 한 문화가 그 주류를 이룹니다. 석탑도 그 중의 하나입니다. 주어진 사진을 보고, 세 나라의 석탑의 모양을 비교해 봅니다. 그리고 왜 그 모양과 재료가 다른지 생각해 봅니다.

어떻게 써야 하지?

1) 석탑의 다른 모양

우리 역사에서 문화는 중국의 영향을 많이 받았습니다. 중국에서 들여온 문화에 대한 정보를 일본에 전파하기도 했습니다.
여러 가지 문화가 있겠지만 그 중 하나가 불탑입니다.
위에 주어진 각 나라 불탑의 사진을 보고, 모양이 어떻게 달라졌는지 설명해 봅니다.

2) 세 나라의 자연 환경에 따라 불탑을 만든 재료도 달라졌다.

중국, 한국, 일본의 자연 환경은 모두 다릅니다. 불탑의 재료와 관련하여 각 나라의 자연 환경이 어떻게 다른지 써 보고, 문화에 미치는 영향에 대해 생각해 봅니다.

발상 및 구상

이름: 　　　　　　　　　　　　　　　　학교　　　학년　　　반